HEILBRONN UND UMGEBUNG

Rainer Moritz

mit Bildern von Roland Schweizer

66 Lieblingsplätze und 11 Persönlichkeiten

HEILBRONN UND UMGEBUNG

Rainer Moritz

mit Bildern von Roland Schweizer

GMEINER

Für meine Eltern, die rechtzeitig nach Heilbronn zogen

Besuchen Sie uns im Internet:
www.gmeiner-verlag.de

Im Ehnried 5, 88605 Meßkirch
Telefon 07575/2095-0
info@gmeiner-verlag.de

1. Auflage 2012

Lektorat: Claudia Senghaas, Kirchardt
Herstellung: Julia Franze
Umschlaggestaltung: U.O.R.G., Lutz Eberle, Stuttgart
unter Verwendung eines Fotos für das Cover von Joachim Köhler (Neckarsulm) und eines Fotos für die hintere Umschlagklappe von Roland Schweizer (Löwenstein)
Kartendesign: Matthias Schatz
Druck: AZ Druck und Datentechnik GmbH, Kempten
Printed in Germany
ISBN 978-3-8392-1258-5

I HEILBRONN

HEILBRONNER STADTTEILE

HEILBRONNER UMGEBUNG

Ⓟ – **PERSÖNLICHKEIT**

Heilbronn ist kein Touristenmagnet wie Rothenburg ob der Tauber. Heilbronn verfügt nicht über den Liebreiz der Tübinger Altstadt oder südliches Flair wie Freiburg im Breisgau. Und mit der Einbindung ins ICE-Netz der Bahn hapert es seit eh und je. Dennoch hat die Heilbronner Region einiges zu bieten – für den, der offenen Auges durch die Welt geht.

EINLADUNG, HEILBRONN ZU ENTDECKEN

Je länger man sich mit der Geschichte Heilbronns befasst, desto facettenreicher zeigt sich das Bild der Stadt. Allein wer ins 19. Jahrhundert zurückblickt, nimmt Heilbronn als wichtiges Zentrum der Revolution von 1848 wahr, sieht die Wirtschaft derart florieren, dass man seinerzeit vom »schwäbischen Liverpool« sprach, und spätestens als Heinrich von Kleist so freundlich war, ein Theaterstück *Käthchen von Heilbronn* zu nennen, bot sich ein guter Anknüpfungspunkt, auf die kulturellen Meriten der Stadt hinzuweisen. Doch auf all das, so scheint es, bildete man sich in Heilbronn viel zu wenig ein. Der Schreckenstag der Stadtgeschichte, der 4. Dezember 1944, als Tausende Bürger bei englischen Luftangriffen umkamen und die Altstadt zu einem Trümmerfeld wurde, blockierte den geschichtlichen Stolz auf lange Zeit. Ganz auf den bewundernswerten Wiederaufbau im Zeichen des Wirtschaftswunders konzentriert, zeigten die Heilbronner kaum historisches Selbstbewusstsein. Wie andernorts auch entstanden Gebäude, die den Berufsstand der Architekten nicht zierten, und da man gleichzeitig die Kultur stiefmütterlich behandelte, schien sich das auf den umstrittenen Oberbürgermeister Paul Hegelmaier (1847–1912) zurückgehende und mit dem Götz-Zitat derb untermalte Schimpfwort von der »Stadt der Krämerseelen« einmal mehr zu bewahrheiten. Vom seelenlosen Heilbronn war die Rede, von – wie der Verfasser dieses Buches 1997 unverzeihlicherweise anmerkte – »blanker Langeweile« und »stadtgewordenem Rudolf Scharping«.

VON CLEEBRONN BIS JAGSTHAUSEN, VON LAUFFEN BIS BAD WIMPFEN

Klischees entstehen, weil sie Wahrheiten enthalten, doch Klischees im Munde zu führen verhindert den Blick auf die Merkmale, die die Klischees unterlaufen. So schickt sich dieses Buch an, 66 Lieblingsplätze in Heilbronn und Umgebung zu präsentieren. Da sind natürlich klassische, oft beschriebene Orte wie Wartberg, Kilianskirche oder Weibertreu, die jedem einfielen, der eine persönliche »Hitliste« aufstellen müsste. Doch daneben stehen verschwiegene Plätze, unauffällige Ecken, die – wenn man ihre Geschichte kennt – einen unscheinbaren, lange nachwirkenden Reiz besitzen. Wenn man wie ich in Heilbronn geboren und aufgewachsen ist, meint man die Stadt zu kennen. Doch nachdem ich mich wieder aufmachte, die vertrauten (oder die einst übersehenen) Winkel aufzusuchen, vermischte sich mein Erinnerungsbild nach und nach mit dem, was in den letzten fünfzig Jahren an Neuem hinzugekommen ist und was ich mir nachträglich an geschichtlichem Wissen aneignete.

Wer die kleine Großstadt Heilbronn besingen will, muss nicht – wie 2002, als der Verkehrsverein den Wettbewerb für einen marketingtauglichen Heilbronn-Song ausschrieb – in immergleichen Wendungen Wein, Neckaridyllen oder blondgelockte Käthchen heraufbeschwören, um ein Loblied auf die Stadt zu singen. Keine Frage, wer auf den Michaelsberg, in den Pfühlpark, auf den Blauen Turm oder ins Köpfertal geht, dem fallen alsbald Plätze ein, die es nicht minder verdient hätten, in dieses Buch – dürfte es nur mehr als 66 Sehenswürdigkeiten aufweisen! – aufgenommen zu werden. »Lieblingsplätze« – das signalisiert das Subjektive der Auswahl. Und natürlich gilt das auch für die 11 Unterländer Persönlichkeiten, die hier skizziert werden. Auf unterschiedliche Weise haben sie die (Alltags-)Kultur der Stadt bereichert und ihr ein Renommee verschafft, das mit Krämerseelenmentalität nicht zu tun hat.

»DAS WEISSE BROT IST HIER SEHR SCHÖN«, FAND DER HEILBRONN-BESUCHER JOHANN WOLFGANG GOETHE. DAS IST DOCH WAS.

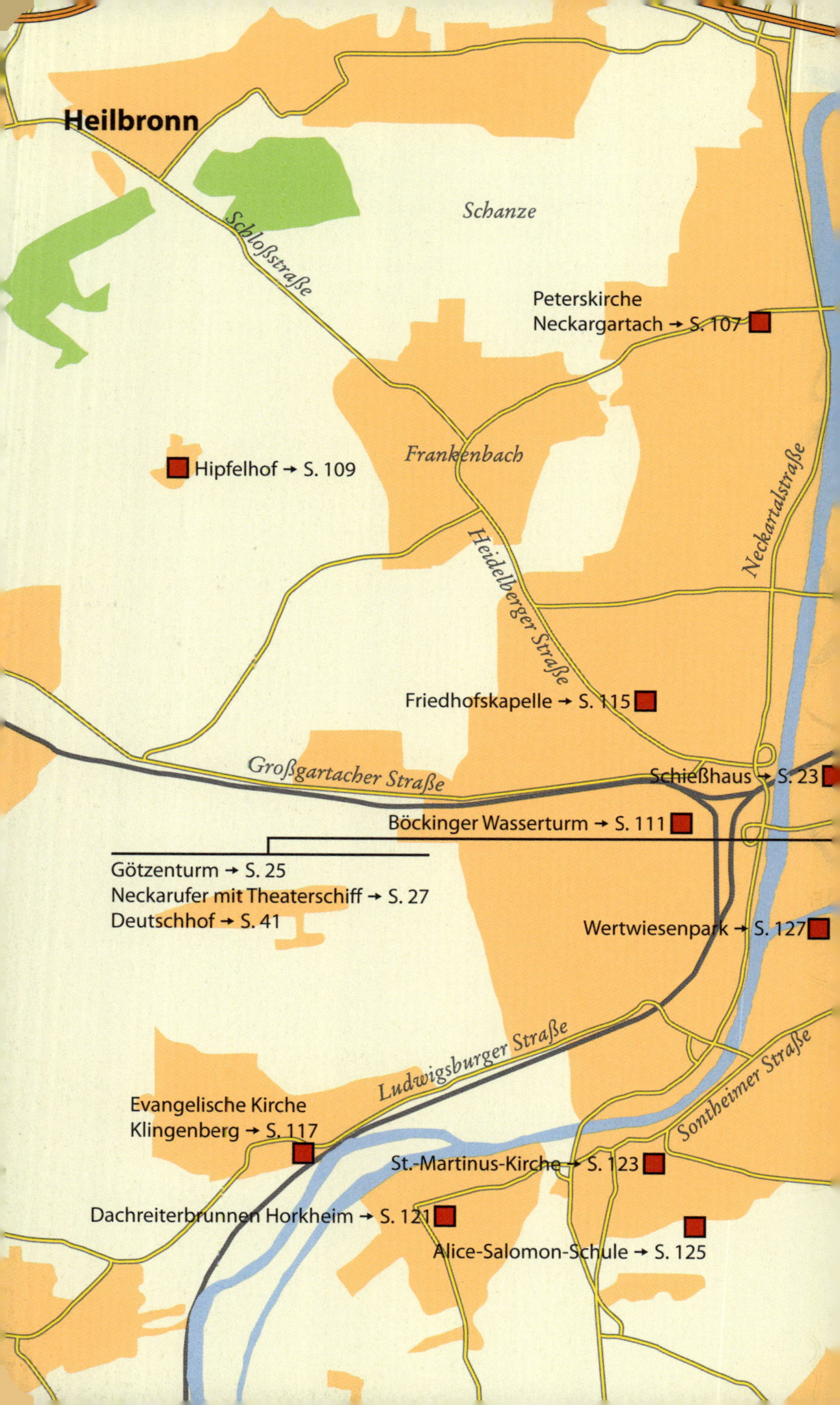

Heilbronn
Schanze
Schloßstraße
Peterskirche
Neckargartach → S. 107
Hipfelhof → S. 109
Frankenbach
Heidelberger Straße
Neckartalstraße
Friedhofskapelle → S. 115
Großgartacher Straße
Schießhaus → S. 23
Böckinger Wasserturm → S. 111
Götzenturm → S. 25
Neckarufer mit Theaterschiff → S. 27
Deutschhof → S. 41
Wertwiesenpark → S. 127
Ludwigsburger Straße
Sontheimer Straße
Evangelische Kirche
Klingenberg → S. 117
St.-Martinus-Kirche → S. 123
Dachreiterbrunnen Horkheim → S. 121
Alice-Salomon-Schule → S. 125

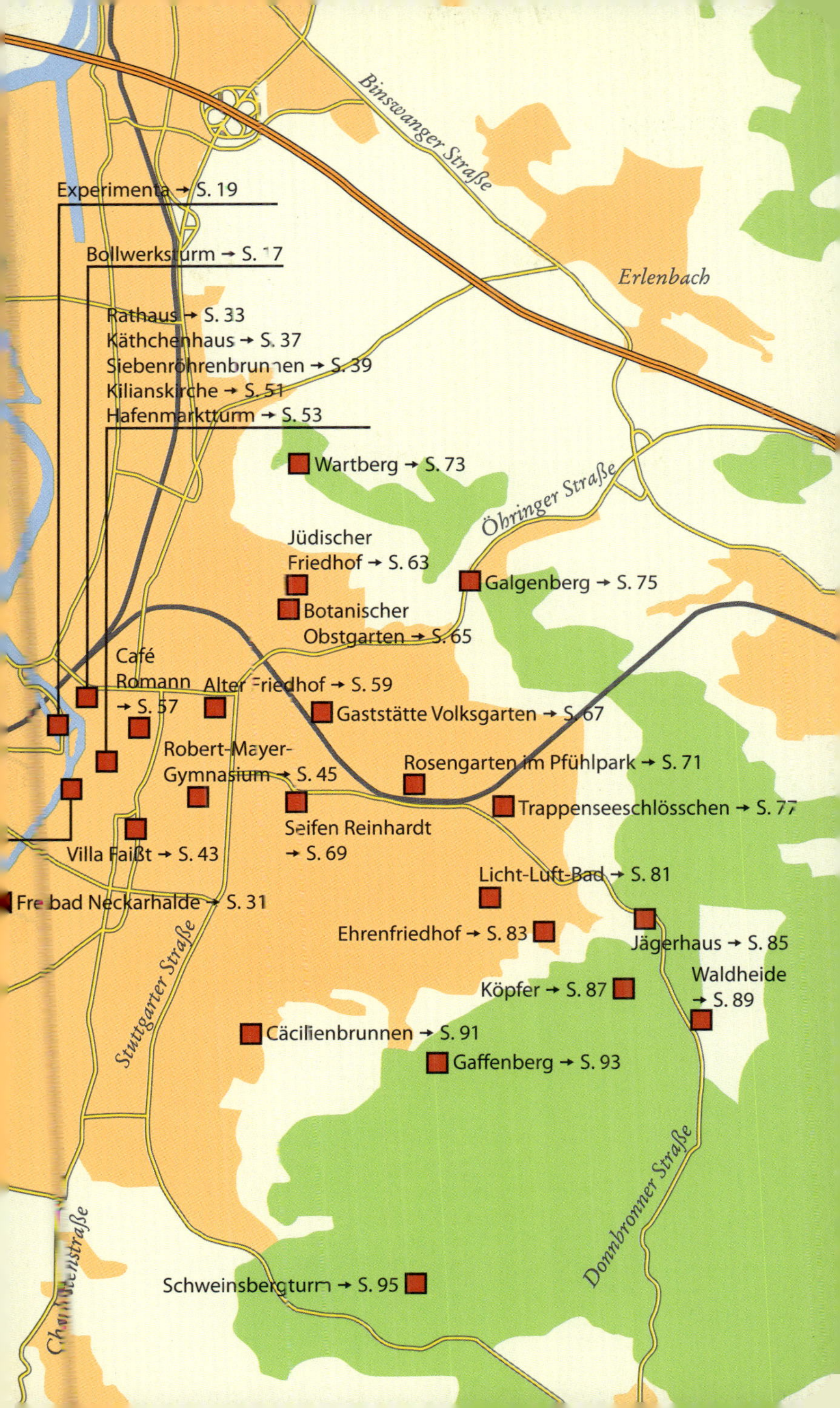
Binswanger Straße
Erlenbach
Experimenta → S. 19
Bollwerksturm → S. 17
Rathaus → S. 33
Käthchenhaus → S. 37
Siebenröhrenbrunnen → S. 39
Kilianskirche → S. 51
Hafenmarktturm → S. 53
Wartberg → S. 73
Öhringer Straße
Jüdischer Friedhof → S. 63
Galgenberg → S. 75
Botanischer Obstgarten → S. 65
Café Romann → S. 57
Alter Friedhof → S. 59
Gaststätte Volksgarten → S. 67
Robert-Mayer-Gymnasium → S. 45
Rosengarten im Pfühlpark → S. 71
Trappenseeschlösschen → S. 77
Seifen Reinhardt → S. 69
Villa Faißt → S. 43
Licht-Luft-Bad → S. 81
Freibad Neckarhalde → S. 31
Ehrenfriedhof → S. 83
Jägerhaus → S. 85
Stuttgarter Straße
Waldheide → S. 89
Köpfer → S. 87
Cäcilienbrunnen → S. 91
Gaffenberg → S. 93
Donnbronner Straße
Schweinsbergturm → S. 95

Umgebung von Heilbronn

Jagsthausen
Götzenburg → S. 181
Neuenstadt am Kocher
Cleversulzbach
Mörike-Museum → S. 131
Friedhof → S. 133
Neckarsulm
Audi Forum → S. 177
Deutsches Zweirad- und NSU-Museum → S. 179
Öhringen
Weinsberg
Weibertreu → S. 135
Römischer Gutshof mit Badruine → S. 139
Weinsberg
Rappenhof → S. 141
Obersulm
Breitenauer See → S. 145
Untergruppenbach
Burg Stettenfels → S. 157
Löwenstein
Waldfriedhof Löwenstein → S. 147
Aussichtsplatte Löwenstein → S. 149
Bleichsee → S. 153
Abstatt
Ilsfeld
Beilstein
Burg Hohenbeilstein → S. 155
Sulzbach an der Murr
Großbottwar

HEILBRONN

BOLLWERKSTURM /// UNTERE NECKARSTRASSE AN DER KREUZUNG ZUR MANNHEIMER STRASSE /// 74072 HEILBRONN /// WWW.HEILBRONN.DE/INFO/SEHENSWUERDIGKEITEN/TUERME/ ///

Wo der Legende nach einst Ehebrecherinnen und Kindsmörderinnen inhaftiert waren, verbrachte der dank Altmeister Goethe unsterblich gewordene Götz von Berlichingen hier (und nicht im nahegelegenen Götzenturm) eine ungemütliche Nacht – vom 11. auf den 12. Mai 1519, nachdem der Schwäbische Bund den Ritter gefangen genommen hatte.

AUF VERLORENEM POSTEN

Es bedarf gehöriger Vorstellungskraft, wenn man in der Unteren Neckarstraße vor dem imposanten Bollwerksturm steht und sich vor Augen zu führen versucht, wie er einst die Nordwestecke der Heilbronner Stadtmauer begrenzte und im Dreißigjährigen Krieg zu einem wahrhaftigen Bollwerk aufgerüstet wurde. Zuvor nannte man ihn den runden oder kugeligen Turm, dessen Bau ins 13. Jahrhundert zurückreicht. Heute stemmt er sich zwischen drei Kastanien in den Himmel, an einer Ecke, deren Anmut nicht mit Händen zu greifen ist. In seinem Rücken erstrecken sich das geschwungene City-Parkhaus, das mit seiner luftigen Fassade aus Holzstäben über einen für seine profane Nutzung erstaunlichen architektonischem Reiz verfügt, und das Stadtbad ›Soleo‹, das sich selbst als »Wohlfühloase« bezeichnet und für urwüchsige Besucher den Aufenthalt in einer Blockhaussauna, bei schweißtreibenden 90 Grad, anbietet.

> **Tipp**
> Die **BESTEIGUNG** des Bollwerksturms: ideal, um Ruhe zu haben und überraschenden Überblick zu gewinnen.

Der Zinnenkranz, der das heutige Erscheinungsbild des Turmes prägt, stammt aus der Zeit des Deutschen Kaiserreichs. Ab und zu landen Krähen und Elstern auf den Zinnen, schauen hinüber zu den Ausläufern der Sülmercity und können sich einen schöneren Anblick vorstellen. Oben weht eine Fahne in den Heilbronner Stadtfarben, und ohne einem schnöden Turm menschliche Regungen zusprechen zu wollen, vermag man sich nicht des Eindrucks zu erwehren, dass sich der stattliche Bollwerksturm auf verlorenem Posten wähnt und von seiner ruhmvollen militärischen Vergangenheit träumt. Wer ihm Trost spenden möchte, kann ihn besteigen. Der Schlüssel liegt in der Tourist-Information in der Kaiserstraße bereit, und von oben sieht man hinüber zum Götzenturm und auf die Neckarpartie, durch die die Stadt in den letzten Jahren ungemein gewonnen hat. Sie dient als Flaniermeile, Jugendtreff oder Ausruhplätzchen nach einem anstrengenden Einkauf.

> **EINST ALS HEXENTURM VERSCHRIEN, HEUTE EIN MONUMENT, DAS GELASSENHEIT AUSSTRAHLT.**

HAGENBUCHER BIERGARTEN /// KRANENSTRASSE 14 /// 74072 HEILBRONN ///
0 71 31 / 9 19 99 03 /// WWW.HAGENBUCHER-BIERGARTEN.DE ///
EXPERIMENTA – SCIENCE CENTER DER REGION HEILBRONN-FRANKEN GGMBH ///
KRANENSTRASSE 14 /// 74072 HEILBRONN /// 0 71 31 / 88 79 50 ///
WWW.EXPERIMENTA-HEILBRONN.DE ///

Der Hagenbucher – so nennen die Heilbronner das 1936 erbaute wuchtige Gebäude auf der Neckarinsel, das der Ölfabrik Carl Hagenbucher & Söhne als Lager diente. Der sechsstöckige verklinkerte Stahlbetonskelettbau weist eine Massivität auf, die nötig war, um dem immensen Gewicht der Ölfrüchte standzuhalten. 1959 erlosch die Firma Hagenbucher, und es dauerte ein halbes Jahrhundert, bis der vom Zweiten Weltkrieg nicht in Mitleidenschaft gezogene Bau seine heutige Bestimmung erfuhr.

WO SELBST DIE AUGEN VON TECHNIKMUFFELN LEUCHTEN

Über 31 Entwürfe hatte man zu befinden, ehe ein Berliner Architekturbüro den Zuschlag zur Neugestaltung des Hagenbuchers erhielt. Zahlreiche Sponsoren, der Stadtsäckel und die Dieter Schwarz Stiftung trugen dazu bei, aus der alten Lagerstätte ein faszinierendes »Science Center«, die »experimenta«, zu machen, das auf 6500 Quadratmetern keineswegs nur Jugendliche anzieht. »Entdecken – erleben – erkennen« lautet das Motto der im November 2009 eröffneten Lern- und Erlebniswelt. Auf vier Ebenen, die den Themen »Spielwerk« (Freizeit gestalten), »Netzwerk« (Kommunikation verstehen), »Werkstatt« (Technik nutzen) und »E-Werk« (Energie umwandeln) gewidmet sind, reihen sich die interaktiven Exponate aneinander und sorgen für ein kunterbuntes Treiben, das mal von zweifelnden Blicken und mal von begeisterten Ausrufen begleitet wird.

Tipp: Es mag am Wochenende regnen, wie es will – ein **»EXPERIMENTA«-BESUCH** rettet den Familienfrieden.

Talentschmieden und ein Talentgarten im Außenbereich, Experimentalshows, Vorträge, Workshops, Laboreinrichtungen und Ateliers – das »experimenta«-Angebot könnte nicht reichhaltiger sein und lockt ganze Schulklassen an den in früheren Zeiten von zahlreichen Fabriken gesäumten Arm des Neckars, der sich heute träge durch sein Flussbett schiebt. Der mit Wandzitaten berühmter Forscher versehene Rundgang lässt einen immer wieder innehalten – vor einem langstreckten Kicker etwa, auf dessen Spielfeld weit mehr als 22 Akteure ihr Torschussglück versuchen. Dass hier nicht nur das Interesse von Schülern für die naturwissenschaftlichen und technischen Grundlagen unseres Lebens geweckt wird, zeigt sich, wenn man Väter beobachtet, die begeistert die Objekte studieren und ihre Söhne mit Sätzen wie »Das ist der Kolben« aufzuklären beginnen. Wer während der Schulzeit Physikstunden gehasst hat, nimmt in der Lernwelt »experimenta« vielleicht einen zweiten Anlauf.

EIN »UNERSETZLICHER ZEUGE FÜR HEILBRONNER ARCHITEKTURGESCHICHTE« (JOACHIM HENNZE), DER ZUM WISSENSCHAFTSZENTRUM WURDE.

Nürnberg Carl Mayer's Kunst-Anstalt.

Dünn sind seine Heilbronner Spuren. Denn bereits im dritten Lebensjahr verließ der am 21. November 1804 geborene Wilhelm Waiblinger seine Geburtsstadt, nachdem sein Vater, der Kanzlist Johann Friedrich Waiblinger, an die Kameralverwaltung nach Stuttgart versetzt wurde. Wo die Familie in Heilbronn wohnte, ist nicht überliefert. Immerhin darf man sich vorstellen, wie Wilhelms Vater seiner Arbeit in dem mit einem eindrücklichen Renaissancegiebel ausgestatteten Syndikatshaus nachging – einem zum Marktplatz weisenden Gebäude, das im Dezember 1944 zerstört und durch den Rathausanbau ersetzt wurde.

SCHWÄBISCHES ENFANT TERRIBLE

Weite Verbreitung haben die Dichtungen des »Früherloschenen« (Otto Heuschele) Waiblinger nie gefunden, obwohl in den 1980er-Jahren bei Klett-Cotta eine aufwändige, von Hans Königer edierte Werkausgabe herauskam. Waiblinger zählte zu den schwäbischen Unruhegeistern, die es in Cleversulzbach oder Weinsberg auf Dauer nie ausgehalten hätten. Seine bewegte Biografie – am bekanntesten wurde die von aufsehenerregenden Liebesverwicklungen begleitete Station am Tübinger Stift, die Peter Härtling in seinem Roman *Waiblingers Augen* oder Hermann Lenz in *Erinnerung an Eduard* aufgriffen – prägt bis heute sein Bild, und die Nachwelt tat sich schwer, diesem beängstigenden, frühreifen Abenteurer gerecht zu werden. Als »verspätetes Kraftgenie« (Hermann Hesse) und als »›enfant terrible‹ der schwäbischen Dichterfamilie« (Pierre Bertaux) klassifizierte man ihn.

Bereits als 17-Jähriger schrieb und publizierte er mit ungebremstem Eifer. 1823 erschien sein erster Roman, eine zu Teilen autobiografische Erzählung um den Bildhauer Phaëthon. Dass Hölderlins *Hyperion* zu den Inspirationsquellen zählte, ist nicht zu übersehen. Gerade die Besuche in Hölderlins Tübinger Turm hatten Waiblinger früh die Randbezirke künstlerischer Genialität vor Augen geführt. Seinen Aufsatz *Friedrich Hölderlins Leben, Dichtung und Wahnsinn* griff die spätere Hölderlin-Forschung immer wieder auf. Entstanden ist dieser Text bereits in Italien, im »Mittelpunkt seines Künstlertraums« (Hans Königer), wohin sich Waiblinger 1826 aufgemacht hatte. Schnell akklimatisierte er sich in Rom, vermied es, das Leben eines deutschen Kolonisten zu führen. Ein umfangreiches Werk, darunter viele Briefe, entstand in Italien.

DASS DAS WILHELM-WAIBLINGER-HAUS – IN DER SCHÜTZENSTRASSE 16 – DEN STADT- UND KREISJUGENDRING E.V. BEHERBERGT, PASST GUT.

Ende Dezember 1829 verschlechterte sich sein Gesundheitszustand dramatisch; am 17. Januar 1830 starb er, 25-jährig. Sein Grabmal befindet sich auf dem Protestantischen Friedhof in Rom.

SCHIESSHAUS HEILBRONN /// FRANKFURTER STRASSE 65 ///
74072 HEILBRONN /// 0 71 31 / 56 22 71 ///
WWW.HEILBRONN-MARKETING.DE/XIMAGES/21793_SCHIESSHAU.PDF ///

Leicht zu finden ist es nicht, das prächtige Schießhaus an der Frankfurter Straße. Wer – vorbei am »Autolädle« und einem Türkisch-Deutschen Schach-Rommé-Club – von der Schützen- in die Schießhausstraße einbiegt, zweifelt daran, inmitten des Geländes der Gustav-von-Schmoller-Schule auf ein bauliches Juwel zu stoßen, das einst im Zentrum der Heilbronner Geselligkeit stand. 1771 wurde es nach Entwürfen Johann Christof Kellers fertiggestellt.

SCHEIBENSCHÜTZEN, PFERDEHÄNDLER, PIANISTEN

Eine fünfachsige, von Pilastern untergliederte Fassade weist das Schießhaus als typischen Rokoko-Bau aus, und die Inschrift über dem von Säulen begrenzten Portal erläutert seine Nutzung: ARATRI COMMODO ET ARMORUM LUSUI. Die auf dem benachbarten Hammelwasen ihren Geschäften nachgehenden Vieh- und Pferdehändler kamen hier zusammen, wohingegen im Garten die Scheibenschützen miteinander wetteiferten. Im 19. Jahrhundert fanden rund um das Schießhaus zahlreiche Festivitäten statt, und erst als den Schützen der Platz nicht mehr ausreichte, zog man hinauf zum Jägerhaus. Überlegungen, das Haus gegen Ende der Weimarer Republik abzureißen, stellte sich der Schwäbische Heimatbund erfolgreich entgegen.

Tipp: Ob Schubert, Vivaldi oder Mozart – im **ROKOKOGLANZ** an der Frankfurter Straße klingen sie besonders eindrucksvoll.

Da das Schießhaus von den Bombardierungen im Zweiten Weltkrieg verschont blieb, hatte es nach 1945 verschiedene Funktionen zu erfüllen, beherbergte zeitweise die Redaktion der Lokalpresse und die Stadtbücherei. Schmuckstück war seit jeher der Festsaal im ersten Stock, dessen Ausgestaltung 1785 der Mannheimer Johann Sigismund Hetzel übernahm. Die »Anmut dieses Raumes mit seinen reichen Stuckaturen und spielerisch schwebenden Putten« (Ilse Fischer) ist nicht verlorengegangen und heute etwa bei Klavier- oder Liederabenden zu spüren. Auch für private Feierlichkeiten kann man den nicht öffentlich zugänglichen Saal anmieten. Wer nicht in diesen Genuss kommt, blickt vom (trockenen) Brunnen vor dem verschlossenen Portal, wo Schüler in ihren Freistunden den Nachrichteneingang ihrer Smartphones prüfen, ein wenig sehnsüchtig auf das Schießhaus und seine liebreizende Parkanlage mit ihrem Pavillon. Eine stattliche Kastanie, adrett gestutzte Hecken und von Rosen umrankte Laubengänge lassen der Fantasie freien Raum … und erinnern daran, wie sich die Heilbronner einst hier vergnügten.

JAHRESZEITEN, HANDEL, JAGD, LANDWIRTSCHAFT, HANDWERK – ALLEGORIEN SCHMÜCKEN DEN SCHIESSHAUSSAAL.

GÖTZENTURM /// ALLERHEILIGENSTRASSE 8 /// 74072 HEILBRONN ///
WWW.HEILBRONN.DE/INFO/SEHENSWUERDIGKEITEN/TUERME/ ///

Die Geschichte im Rücken und den Blick aufs Wasser gerichtet. So macht man es sich im Sommer, vielleicht auf einen Feierabendtrunk, im Biergarten der Kneipe »Hans im Glück« bequem. Der Neckar zieht gemächlich vorbei, und über der idyllischen Szenerie erhebt sich der wuchtige Götzenturm, der, in den Annalen »Viereckiger Turm« genannt, Ende des 14. Jahrhunderts als südwestliche Markierung der Stadtmauer errichtet wurde.

EIN »SEHR STARKES BAUWERK« (MARK TWAIN)

Manche Bauwerke verdanken ihren Namen – und ihre Bekanntheit – einem Missverständnis. Der um 1480 in Jagsthausen geborene Reichsritter Gottfried von Berlichingen wäre ohne Johann Wolfgang Goethe und dessen Sturm-und-Drang-Schauspiel nie zur Berühmtheit geworden. Eine Nacht des Jahres 1519 – so ist es überliefert – verbrachte der dank Goethe in den deutschen Zitatenschatz eingegangene Ritter in Heilbronner Turmhaft, doch aller Wahrscheinlichkeit nach nicht im Götzenturm, sondern im an das heutige Hallenbad angrenzenden Bollwerksturm. Wie sich Goethe alle Freiheit nahm, das Schicksal des unbeugsamen Götz zu schildern, so regte der Anblick des 30 Meter hohen Baus die Fantasie vieler Besucher an. Der durch Europa bummelnde Mark Twain sah in ihm ein »sehr ehrwürdiges, sehr starkes und sehr schmuckloses Bauwerk«, und sein Kollege August von Platen zeigte sich ergriffen von den Gemäuern, in denen (der, so die historische Wahrheit, 1562 auf Burg Hornberg verstorbene) Götz von Berlichingen »seine biedere Seele aushauchte«.

Tipp: Vom Theaterschiff aus am Götzenturm vorbei und weiter ins alte **FREIBAD NECKARHALDE,** dessen 10-Meter-Turm durch viele Kindheitsträume geisterte

Den romantisierenden oberen Abschluss mit seinen Rundbögen und kräftigen Zinnen gab es damals, als Platen Heilbronn aufsuchte, noch nicht. Er entstand Ende des 19. Jahrhunderts, als man den Turm dem damaligen Mittelalter-Verständnis gemäß aufmöbelte. Und ein ganz anderes Element kam 1985 hinzu, als der Künstler Hubertus von der Goltz seine Installation »Über dem Abgrund« auf dem Turm verankerte. Eine Figur balanciert auf einer weit über die Brüstung hinausragenden Stange, und Ortsfremde mögen sich beim Anblick dieser originellen Komposition ängstlich fragen, welcher lebensmüde Heilbronner sich ausgerechnet den Götzenturm für seinen irdischen Abschied ausgesucht haben mag.

> **»FREIHEIT! FREIHEIT«, SO ENDET GOETHES »GÖTZ VON BERLICHINGEN«**

THEATERSCHIFF HEILBRONN /// OBERE NECKARSTRASSE /// 74076 HEILBRONN /// 0 71 31 / 62 75 79 /// WWW.THEATERSCHIFF-HEILBRONN.DE ///

»Deutschland im Sommer ist die Vollendung des Schönen, aber niemand, der nicht auf einem Floß den Neckar hinuntergefahren ist, hat die äußersten Möglichkeiten dieser sanften und friedlichen Schönheit wirklich begriffen und ausgekostet« – so enthusiastisch reagierte der Schriftsteller Mark Twain, als er 1878 an den Neckar und nach Heilbronn kam. Auch wenn man Flößer dort mittlerweile nur noch selten antrifft, sind der Neckar und sein Hafen Lebensader der Stadt geblieben. Anmutig strukturiert der Neckar das Stadtbild und schafft Lebensqualität, für Besucher wie für Einheimische.

EIN LASTKAHN, DER ZUR BÜHNE WURDE

Lange Zeit jedoch legte man keinen Nachdruck darauf, City und Neckarufer miteinander zu verschmelzen und die Schönheit des Flusses ins Zentrum zu rücken. Mit dem Bau der Freitreppe an der Friedrich-Ebert-Brücke gelang ein Durchbruch im doppelten Wortsinn. Spaziergänger, Jogger und Skater schätzen die ausgebauten Promenaden, und wem alles zu viel geworden ist, der setzt sich unter die Trauerweiden und folgt dem Wellenspiel – frei nach dem Motto Marc Aurels, der dazu riet, vor politischen Verhandlungen auf Wasser zu blicken.

Tipp: Eine Herausforderung für **DACKELBESITZER:** »Der Neckar ist an vielen Stellen so schmal, dass man einen Hund hinüberwerfen kann, falls man einen hat« (Mark Twain).

Das Neckarfest – unter diesem Oberbegriff fasst das Stadtmarketing inzwischen alle Neckarbelustigungen zusammen – zählt zu den Großereignissen im Jahreslauf und ist auch behördlicherseits gewissenhaft rubriziert. Dem Stuttgarter Ministerium für Umwelt, Klima und Energiebedarf zufolge handelt es sich dabei um ein »vielfältiges Spektakel auf und am Wasser«, das auch einen Floßumzug beinhaltet. Zielgruppe ist – wer hätte es gedacht? – die »Bevölkerung«.

»ALLERLIEBST AM NECKAR« LIEGE HEILBRONN UND SEI »ERSTE HANDELSSTADT DES NECKARS FÜR TAL- UND BERGGÜTER« (KARL J. WEBER).

An sportiven und kulinarischen Erlebnissen herrscht am Neckar kein Mangel, und 1995 kam ein ungewöhnliches kulturelles Angebot hinzu: das Theaterschiff. Heinz Kipfer hatte die Idee und machte sich unerschrocken daran, die Zustimmung von unterschiedlichsten Behörden zu seinem Konzept, Dramen und Kleinkunst aufs Wasser zu verlagern, zu erlangen. Ein betagter französischer Lastkahn wurde auf Vordermann gebracht, für Theaterzwecke umgebaut und auf den Weg nach Heilbronn gebracht. Etwa 150 Aufführungen – darunter Musik, Kabarett, Comedy und im Dezember der Klassiker *Dinner for one* – bringt die Theaterschifftruppe alljährlich auf seine (kaum schwankenden) Bretter.

Fußball-Begeisterte wissen, dass früher meistens alles besser war, dass die Flanken effetvoller und die Schüsse schärfer waren. Und wer nicht auf Dauer das allerdings langweilige Glück hat, für Bayern München oder Manchester United zu jubeln, der lebt wohl oder übel in der Vergangenheit – anno dazumal, als in Heilbronn noch brillanter Fußball gespielt wurde, in den Sechziger- und Siebzigerjahren.

ALS GALLO HAGNERS SCHÜSSE DAS TORNETZ ZERFETZTEN

Heilbronn war nicht der Nabel der Welt, daran hatte ich mich gewöhnt. Immerhin kannten viele die Autobahnabfahrt und das Weinsberger Kreuz. Fußballerisch konnte sich Heilbronn sehen lassen, denn der VfR mischte in der Regionalliga mit und wollte aufsteigen in die neu gegründete Zweite Bundesliga. Meistens ging ich allein ins Stadion an der Badstraße, stellte mich oben auf den Stehwall zu einer Gruppe von Männern, die ich nicht kannte. Zwischen den groben Steinstufen wuchsen Gras und Moos. Man sah hinüber auf die Tribüne, wo die Großkopfeten saßen, die besonders laut schrien, wenn ihnen etwas nicht passte. Ich wollte bei Erwachsenen stehen, mit denen meine Kommentare zu Schwalben und Platzverweisen ernsthaft erörtern. Der beste Platz war auf der Höhe zwischen Mittellinie und Eckfahne, sodass man strittige Abseitsentscheidungen beurteilen konnte und von beiden Spielhälften etwas mitbekam. Die Heilbronner schlugen sich gut, einmal verloren sogar die Augsburger bei uns, obwohl die Nationalspieler Haller in der Mannschaft hatten, der 1966 bei der WM im Endspiel mit dabei gewesen war. Jetzt sah er fülliger aus und vermochte gegen die VfRler und die 16.000 Zuschauer nichts auszurichten. Und die Offenbacher, der Bundesligist, verloren sogar im Pokal. Was für Glücksmomente, wenn ein Tor zu erahnen war, wenn die Arme von Tausenden in die Höhe schnellten, bis zum befreienden Schrei, der den Treffer feierte. Ich sprang hoch, bejubelte die Offenbacher Niederlage, 2:0, schlug fremden Männern auf die Schultern, Männern, die mich im Bus oder auf der Sülmerstraße keines Blickes gewürdigt hätten. Mittendrin war ich hier, zitterte gemeinsam, bis der Schiedsrichter endlich abpfiff.

NAMEN SEIEN SCHALL UND RAUCH? VON WEGEN ... GRIESBECK, HÄGELE, RACKY, KÜBLER ... WELCH MAGISCHER KLANG!

Was der VfR Heilbronn für tolle Spieler hervorbrachte, Torwart Werner Pfeifer etwa, der sogar für die Stuttgarter Bundesligaspiele absolviert hatte, ein eleganter Keeper, der keine Sperenzchen machte. Oder Hansi Hägele im Sturmzentrum, der schlitzohrige Torjäger, einer wie Gerd Müller, wuselig im

Strafraum und Sekundenbruchteile schneller als die gegnerische Abwehr. Und Gallo Hagner, einer aus der Region, ein bulliger Mittelfeldspieler, der die Granaten in die Maschen hämmerte und in regelmäßigen Abständen vom Platz flog. Karl-Heinz Frey, der langhaarige, schlaksige Außenstürmer, der alle schwindlig spielte und von Schalke 04, ja, den Schalkern in der ersten Liga, abgeworben wurde. Wie er mit dem Ball umging und leichtfüßig über grätschende Beine sprang. Ausländer spielten auch mit, ein langsamer Österreicher, der Hohenwarter hieß, die Jugoslawen Illic und Micic. Und Alber, Seyffer, Griesbeck, Kubasik, Grimm, Herz, Haaga, Weil, Racky, Hrynda. Klangvolle, schöne Namen. Ich ließ sie auf der Zunge zergehen, und wenn ich sie zehnmal hintereinander herunterrasselte, erhielten ihre Silben einen unwirklichen Klang, als hätten sie sich von ihren Trägern gelöst. Im Fußball konnte sich Heilbronn wirklich sehen lassen.

WAS IST AUS DEM VFR HEILBRONN GEWORDEN? WIR WOLLEN DEN MANTEL DES SCHWEIGENS AUSBREITEN …

Nach Spielschluss ging es eilig nach Haus, um schnell wegzukommen, in den Einserbus zu steigen, der bis zum Karlstor fuhr. Wenn Vater ins Stadion ging, brach er zehn Minuten vor Ende auf, weil er Staus vermeiden wollte. So konnte man sich nie darauf verlassen, welches Endergebnis er mit nach Hause brachte. Seine Aussagen glichen einer vagen Hochrechnung. Ja, es schien eine Garantie dafür zu geben, dass Tore fielen, sobald Vater das Stadion durch das Drehkreuz verlassen hatte. Ich blieb bis zum Abpfiff, bis zu dem Moment, da tiefe Enttäuschung oder helle Begeisterung amtlich bestätigt waren.

FREIBAD NECKARHALDE /// NECKARHALDE 21 /// 74074 HEILBRONN /// 0 71 31 / 56 36 14 /// WWW.STADTWERKE-HEILBRONN.DE/INDEX/HSW/HSW_FREIBAD_NECKARHALDE.HTML ///

Beatles oder Rolling Stones? Günter Netzer oder Wolfgang Overath? Das waren in den Sechziger- und Siebzigerjahren die existenziellen Fragen, deren Antworten über Freundschaft und Nicht-Freundschaft entschieden. Und natürlich die Freibadentscheidung: Gehst du in die Neckarhalde oder in den Gesundbrunnen? Da musste jeder mit sich ins Gericht gehen …

ANGST UND SCHRECKEN VOR DEM 10-M-TURM

Wertkonservative wie ich bevorzugten das schön gelegene, heute an den Wertwiesenpark grenzende Freibad Neckarhalde. Im Gesundbrunnen hätte mich mein Vater, der bei Koch & Mayer in der Gaswerkstraße arbeitete, zwar abends abgeholt, doch einmal schlug ich dort mit dem Kopf so auf, dass ich genäht werden musste – das trübte meine Gesundbrunnen-Sympathie erheblich.

Die Hausaufgaben ließ man Hausaufgaben sein, radelte am Neckar entlang und reihte sich in die Massen von Menschen ein, die in der Neckarhalde Abkühlung suchten. Einmal, am 29. Juni 1965, hatten 12.000 Badelustige dieses Bedürfnis; Fotos zeigen aneinandergereihte Leiber … 1934 wurde das erste Becken des Bades eingeweiht; zwei Jahre später beging man dessen Fertigstellung mit Württembergischen Titelkämpfen im Kunst- und Turmspringen. Aufwändige Umbauarbeiten veränderten das Gesicht der Anlage mehrfach, doch der alte Baumbestand und die ausgedehnten Liegewiesen bewahren den Charme des ehrwürdigen Bades. Rentner, die sich an die vermeintlich guten alten Zeiten erinnern, schwimmen frühmorgens ihre Runde, und auf einen Frühschoppen lassen sie sich nicht zweimal bitten. Zu verbissen wollen die meisten nicht auf ihre Figur achten. Während sich Alteingesessene daran erinnern, wie sie am Büdle für zwei Pfennig Brausepulver erstanden, denke ich an mein Lieblingseissorte zurück, an das rosinen- und rumdurchsetzte Malaga-Eis, das ich mir leisten konnte, wenn Mutter mir nicht nur eine Limoflasche und eine Rolle Toggenburger, sondern auch eine Mark zum Verprassen in den Matchbeutel steckte. Eines freilich traute ich mich nicht, egal, wie gut die Laune war: mich vom 5- oder 10-Meter-Sprungturm in die tiefblaue Tiefe des Sportbeckens zu stürzen. Ängstlich sah ich hinauf und wusste, dass mich nicht einmal zwanzig Pferde auf den steinernen Sockel brächten. Meistens hatten die Bademeister ohnehin ein Einsehen und sperrten den 10-Meter-Turm aus Sicherheitsgründen.

Tipp: Welche Geschmackserlebnisse rufen die Kindheit wach? Die von **MALAGA-EIS** vielleicht.

5.800 KUBIKMETER WASSER FASSEN DIE VIER BECKEN – WOMIT SICH 44615 BADEWANNEN MIT EINEM VOLUMEN VON 130 LITERN FÜLLEN LIESSEN.

RATHAUS /// MARKTPLATZ 7 /// 74072 HEILBRONN /// 0 71 31 / 5 60 ///
WWW.HEILBRONN.DE/INFO/SEHENSWUERDIGKEITEN/RATHAUS/ ///

»Es war bald Mittag, als wir ankamen. Matthias holte mich sogleich auf dem freien Platz vor dem Rathause, denn es war bald zwölf Uhr, wo die Böcke an der künstlichen Uhr des Rathauses zwölfmal gegeneinander stoßen und der Engel posaunt« – schon Ende des 18. Jahrhunderts, als der junge Dichterarzt Justinus Kerner mit seiner Familie nach Heilbronn kam, galt das Spektakel der Heilbronner Rathausuhr als Attraktion.

WIDDER, DIE DIE STUNDEN SCHLAGEN

Auch heute bleiben die Passanten nicht nur zur Mittagszeit auf dem Marktplatz stehen, um zuzusehen, wie sich die beiden goldenen Widder bei jedem Stundenschlag bekämpfen, ein Engel die Posaune bläst und ein Hahn dreimal am Tag krähend seine Flügel spreizt, und wundern sich, dass der große Zeiger die Aufgabe übernommen hat, die Stunden anzuzeigen. Der Schaffhäuser Isaak Habrecht – jeder Heilbronner Schüler kennt seinen Namen – fertigte 1580 dieses »große Uhrgehäuse aus drei Stockwerken« (Victor Hugo), das aus Mondphasen-, Zeit- und astronomischer Uhr besteht. Zweimal wurde das Uhrwerk von der Ulmer Uhrenfirma Hörz neu gefertigt, und 1953 feierte man die Einweihung des restaurierten Meisterstücks gebührend.

Tipp

»GOTTFRIEDLE« nennen die Heilbronner den mit Zepter und Stundenglas ausgestatteten Engel der Rathausuhr.

Die Geschichte des Rathauses reicht bis ins 13. Jahrhundert zurück. Seine Südfassade mit der dreiteiligen, von einer Glocke gekrönten Kunstuhr, dem rechts davon eingelassenen Stadtwappen und der auf ionischen Säulen stehenden Freitreppe, in deren Balustrade Allegorien der Tugenden eingegliedert sind, ist neben der Kilianskirche das bekannteste Wahrzeichen Heilbronns. In den fünfziger Jahren kamen Erweiterungsbauten hinzu, mit einem Innenhof zur Lothorstraße, der Schülerinnen und Schülern während des Weindorfs damals wie heute eine gute Gelegenheit bietet, dem anderen Geschlecht näherzukommen.

»EIN STÜCK SONDERBARSTER UND MALERISCHSTER MITTELALTERLICHER ARCHITEKTUR«, SO PRIES MARK TWAIN DAS RATHAUS.

Unter den Arkaden der Freitreppe wurde 1583 eine sechseinhalb Meter lange Sandsteinbank eingelassen. Dort hat auch das Original des Kiliansmännles seinen Platz gefunden, und dort kann sich der vom historischen Fachwissen ermattete Besucher in einer der alteingesessenen Gastwirtschaften der Stadt, im Ratskeller, stärken. Bei Saitenwürstle zum Beispiel (die die englische Speisekarte als »little sausages« zu übersetzen versucht) und beim Böckinger Feldg'schrei, einem traditionellen Eintopfgericht, das ohne Spätzle und Kartoffeln als Einlage nicht zu denken ist.

Zum Heimatdichter, zum Lokalheros taugte kaum einer weniger als er – wie er selbst unverblümt zum Besten gab: »Für Heimatgefühle bin ich denkbar schlecht ausgestattet: Ich habe diesbezüglich das Gemüt eines Metzgerhundes. Wenn überhaupt, würden sie sicher auf der Place des Vosges eher strudeln als auf dem Heilbronner Marktplatz.« 1923 wurde der Fabrikantensohn in Heilbronn geboren, als Herbert Kaiser. Unter diesem Namen veröffentlichte er als Soldat erste Gedichte, ehe es ihn nach der Heidelberger Studienzeit in Richtung München zog, wo er bis zu seinem Tod 2007 lebte.

EIN HOMME DE LETTRES AUS DEM BILDERBUCH

Unter dem – diabolischen – Pseudonym Herbert Asmodi wurde er in den 1950er-Jahren zu einem bekannten, mit dem Gerhart-Hauptmann-Preis ausgezeichneten Dramatiker. Komödien wie *Nachsaison* oder *Stirb & werde* versahen die geldorientierte deutsche Nachkriegsgesellschaft mit giftigen Kommentaren. Ohne sich auf diesen Lorbeeren auszuruhen, wechselte Asmodi die Register, war als Schauspieler in Volker Schlöndorffs Musil-Adaption *Verwirrungen des Zöglings Törleß* zu sehen und erlangte Ruhm als TV-Autor. 1971 und 1972 eroberten seine Drehbücher zu *Die Frau in Weiß* und *Der rote Schal* das Fernsehpublikum. Gefesselt verfolgten Millionen diese bald als »Plüschkrimis« belächelten Verfilmungen von Wilkie-Collins-Romanen, in denen Heidelinde Weis, Ellen Schwiers und Karl Lieffen Hauptrollen spielten.

Als er diesen Ruf als Co-Autor von Sam Peckinpahs Kinofilm *Steiner – Das eiserne Kreuz* zementierte, wechselte er erneut das Fach und publizierte die Gedichtbände *Jokers Gala* und *Jokers Farewell*, die, zwischen Zynismus und Melancholie wandelnd, einen unverwechselbaren, lässigen Ton anschlugen. Es folgten bis kurz vor seinen Tod welt- und literaturläufige Erzählbände wie *Das Lächeln der Harpyien* oder *Die Dame aus den Tuilerien*, die mit dem Mainstream der Gegenwartsliteratur nichts am Hut hatten und deshalb zu wenig Beachtung fanden. In Heilbronn verbrachte Asmodi seit seiner Übersiedelung nach München nicht mehr als eine Woche, unter anderem, um der Heilbronner Aufführung seines Stückes *Geld* beizuwohnen. Mit Kulturbürgermeister Erwin Fuchs verband ihn eine Freundschaft. Hier und da blitzen in seinen Gedichten Heilbronn-Reminiszenzen auf, etwa in seinen an den Krieg erinnernden *Verständigungsschwierigkeiten*: »Nicht zu wissen / Ob man den nächsten Tag erleben würde, / Bei Hindenburglichtern Gedichte zu lesen, / Seinen besten Kameraden zu begraben, / Am Heiligen Abend zu erfahren / Dass die Heimatstadt ausradiert sei«.

»ICH SEHE DIE WIRKLICHKEIT. ICH SEHE, DASS SIE EINE KOMÖDIE IST, UNERQUICKLICH WIE GALLE UND LUSTIG WIE EINE HINRICHTUNG.« (HERBERT ASMODI)

KÄTHCHENHAUS /// MARKTPLATZ /// 74072 HEILBRONN ///
WWW.KLEIST.ORG/KAET/KAETHCHENHAUS/INDEX.HTM ///

Wer einer Stadt will rechte Gunst erweisen, der verewigt sie in einem literarischen Werk. Heinrich von Kleist war so aufmerksam, als er sein 1810 uraufgeführtes Schauspiel *Das Käthchen von Heilbronn* schrieb und der alten Reichsstadt damit ein unbezahlbares Werbeinstrument an die Hand gab.

EIN ERKER MIT VIER PROPHETEN

Dass der Dichter Heilbronn wohl nie besucht hat und es trotz aller Anstrengungen von Heimatforschern nicht geglückt ist, eine Bürgerstochter als »Käthchen«-Urbild aufzuspüren, tat und tut der Vermarktung des meist blond bezopften Mädchens keinen Abbruch. Auch das sogenannte Käthchenhaus, Blickfang am Marktplatz / Ecke Kaiserstraße, weist keine Berührungspunkte mit Kleists Biografie oder dem Inhalt seines Stücks auf. Das im 14. Jahrhundert erbaute Gebäude war den Heilbronnern lange als »Steinhaus« oder »Weingand'sches Haus« geläufig, ehe es in der zweiten Hälfte des 19. Jahrhunderts seinen Namen wechselte und seitdem als vermeintliche Erinnerungsstätte an Heilbronns berühmteste literarische Tochter firmiert. Nach dem Krieg (ohne seinen markanten, zum Marktplatz weisenden Barockgiebel) wiederaufgebaut, lenkt das Haus die Aufmerksamkeit vor allem wegen seines Erkers auf sich. Dieser soll von einem früheren Bewohner, dem Reformator Johann Lachmann, in Auftrag gegeben worden sein, und zeigt Brustporträts der vier Propheten Jesaja, Jeremia, Hosea und Habakuk. Heutige Besucher, die zusehen, wie sich das Sonnenlicht in den gelblichen Erkerfenstern spiegelt, mögen sich einbilden, dass irgendwann ein adrettes Mädchen hier ein- und ausging – eine Schönheit, die in den Worten Kleists so wirkte, »als ob der Himmel von Schwaben sie erzeugt und von seinem Kuss geschwängert« habe.

Tipp: Wer weder Käthchenwein trinken noch dem alle zwei Jahre gekürten **»HAUPTKÄTHCHEN«** die Hand schütteln will, lese Kleists Theaterstück.

UNSER ALLER KÄTHCHEN, DIE – SO DER LOKALDICHTER ROBERT OECHSLER – »VERKÖRPERUNG DER POESIE VON ALT-HEILBRONN«

Seit 1890 trägt das Gebäude eine Inschrift, die es als Käthchenhaus ausweist. Es fand sich alsbald auf vielen Postkarten wieder – manchmal versehen mit unfreiwillig komischen Reimen: »Andre Städtchen, andre Mädchen / Lieb und hold von Angesicht / Doch so ein ›Heilbronner Kätchen‹ / Findet man sonst nirgends nicht.« Gleich nebenan, im Büro des Fremdenverkehrsamt, lassen sich Puppen, Schlüsselanhänger oder Zündhölzer im Namen des Käthchens erstehen.

SIEBENRÖHRENBRUNNEN /// KIRCHBRUNNENSTRASSE /// 74072 HEILBRONN ///
WWW.STADTARCHIV-HEILBRONN.DE/FAQ/FAQ_VIER/ ///

Auf der Südseite der Kilianskirche hat er seinen Platz gefunden, der Siebenröhrenbrunnen, dessen (längst versiegte) Quelle der Stadt Heilbronn wohl ihren Namen gab. Er markiert den Eingang zur Kirchbrunnenstraße, deren Bild das Café Noller und die Buchhandlung Determann jahrzehntelang prägten, und weist hinüber auf den nüchternen Kiliansplatz und die Fußgängerzone der Fleiner Straße, durch die sich – man kann es sich kaum vorstellen – noch Ende der 1960er-Jahre der Straßenverkehr quälte.

REICHLICH WASSER SPRUDELND

Ursprünglich »Kirchbrunnen« genannt, wurde der heutige Siebenröhrenbrunnen 1541 vom Heilbronner Steinmetz Balthasar Wolff vollendet. Bis weit ins 19. Jahrhundert hinein spendete er reichlich Wasser und erinnerte die Einwohner und Besucher an die Ursprünge der Stadt. Heute dient seine Umfriedung dazu, für ein paar Minuten Platz zu nehmen und Kaugummis oder Zigarettenkippen zu hinterlassen. Aus seinen wie eh und je sieben Röhren plätschert in dünnem Strahl das Wasser, vor dessen Genuss gleich zwei Schilder warnen, in das farbig ausgestaltete Becken. Sein vom Rost angefressener Grund ist von Moos besetzt, ganz so, als gälte es, auf der modernen Steinödnis des Kiliansplatzes ein Zeichen der stets siegreichen Patina zu setzen.

Tipp: Ob »heilig« oder »heilend« – das Wasser der **KIRCHBRUNNENQUELLE** gab Heilbronn seinen Namen.

1904 rekonstruierte man den zwischenzeitlich abgerissenen Brunnen und hielt sich an dieses Modell, als nach dem Zweiten Weltkrieg ein erneuter Wiederaufbau nötig war. Auf die fünf Figuren des Tympanons verzichtete man dabei. Ein Relief in dessen Mitte zeigt Jesus, der einer dürstenden Frau Wasser reicht. Medaillons (vom fränkischen Hausmeier Karlmann und von Kaiser Karl V.) und Inschriften – auf Latein und auf Deutsch – erinnern auf der Vorder- und Rückseite an die Stadt- und Brunnengeschichte. »Ueber dem Quell erhob sich von den Buergern der Reichsstadt errichtet ein herrlicher Brunnen, aus sieben Roehren reichlich Wasser sprudelnd«, heißt es da, angebracht anlässlich der Rekonstruktion Anfang des 20. Jahrhunderts. Graffiti und Taubenkot gehören zum Erscheinungsbild des Brunnens; sie zu entfernen, will sich niemand mehr die Mühe machen. Ein Glück möchte man sagen, dass die Wasserversorgung Heilbronns längst unabhängig von diesem Brunnen ist.

»AUS DEM HEILIGEN QUELL ENTSPRUDELNDES WASSER VERKÜNDE, DASS DER EWIGE GOTT HEILIGE GABEN UNS GEBET« – SO LAUTET DIE LATEINISCHE BRUNNENINSCHRIFT.

MUSEUM IM DEUTSCHHOF /// DEUTSCHHOFSTRASSE 6 /// 74072 HEILBRONN ///
0 71 31 / 56 22 95 /// WWW.MUSEEN-HEILBRONN.DE/MUSEUM/ ///

Ein Gang in den Deutschhof gehörte für mich lange zum Selbstverständlichsten – entweder um mir alle drei Wochen in der (heute im K3 untergebrachten) Stadtbücherei neuen Lesestoff zu besorgen oder um, Mitte der 1980er-Jahre, Volkshochschulkurse zu Proust, Fontane oder neuer Frauenliteratur zu geben. Wie eine Enklave wirkte das Areal des Deutschhofs damals auf mich, und bis heute hat es sich diese Eigenart bewahrt – eine Eigenart, die mit seiner Geschichte zu tun hat.

EIN ZENTRUM STÄDTISCHER KULTUR

1225 wurde die Heilbronner Kommende des Deutschen Ordens gegründet und bildete ein eigenes Herrschaftsgebiet innerhalb der Stadtmauern. Der Kleine Deutschof, der Große Deutschhof und das Münster St. Peter und Paul bilden das (im Zweiten Weltkrieg gehörig zerstörte) Gebäudeensemble. Der Kleine Deutschhof wird geprägt durch Bauten aus dem 16. Jahrhundert, das Komturhaus und den Stein-Kallenfelsischen Bau. Im Osten springt das mit historischem Sandsteinmaterial wiederaufgebaute Staffelgiebelhaus mit seiner Freitreppe ins Auge.

Tipp Die Geschichte der Städtischen Museen nimmt 1879 ihren Anfang – als sich in Heilbronn ein **»HISTORISCHER VEREIN«** konstituierte.

Anfang des 18. Jahrhunderts entschloss man sich, im Südwesten der Anlage einen Neubau in Auftrag zu geben, unter der architektonischen Betreuung von Wilhelm Heinrich Behringer und Franz Keller. In typisch barocker Gestaltung entstand so ein 24-achsiger Flügel, der von Pilastern, steinernen Fensterlaibungen und Giebeln gegliedert wird. In den erhalten gebliebenen Umfassungsmauern des Süd- und Westflügels befinden sich heute das Museum im Deutschhof mit seiner überregional anerkannten Kunst- und Skulpturensammlung. Im Südostflügel sitzt seit 1977 das von Christhard Schenk geleitete Stadtarchiv, das zahlreiche Publikationen zur Stadtgeschichte vorlegt. Diese wird zudem in einer Dauerausstellung dokumentiert. An Möglichkeiten, sich lange im Deutschhof aufzuhalten, besteht somit kein Mangel. Besonders wohl fühlt man sich dort, nachdem man die Umgebung in Augenschein genommen hat. Denn das nahegelegene Wollhauszentrum ist ein Ausbund von Betonhässlichkeit und wird nicht zufällig dem »Brutalismus« zugerechnet. Und machen wir uns nicht vor: Auch die 2008 eröffnete, dem Deutschhof gefährlich naherückende Stadtgalerie, die sich wie ein gestrandeter Buckelwal Richtung Fleiner Straße wirft, mehrt allenfalls den merkantilen Reiz der Innenstadt. In einem Buch *66 Nicht-Lieblingsplätze in Heilbronn und Umgebung* hätte sie einen Stammplatz.

EIN STILISIERTES WAPPEN AM BEHRINGERBAU, GESCHAFFEN VON ANGELIKA WETZEL, ERINNERT AN DEN DEUTSCHORDEN.

WEIN VILLA GBR /// CÄCILIENSTRASSE 66 /// 74072 HEILBRONN ///
0 71 31 / 67 67 12 /// WWW.WEIN-VILLA.DE ///

Ein vermögender Mann muss Andreas Faißt gewesen. In jungen Jahren avancierte er zum Direktor der Heilbronner Zuckerfabrik, und 1865 gründete er zusammen mit August Cluss die Brauerei Cluss, deren Erzeugnisse den Durst von Generationen löschten – bis Anfang der 1980er-Jahre, als das Unternehmen von der Stuttgarter Konkurrenz übernommen wurde. Faißt verband sich mit der Honoratiorenfamilie Cluss auch dadurch, dass er Augusts Schwester Henriette ehelichte. Ein weiterer Cluss-Sprössling, Adolf, brachte es in Washington als Architekt zu einiger Berühmtheit.

BIER, WEIN UND MUSIK

1875 kaufte Faißt die Villa einem nicht mehr zahlungskräftigen Bankier ab, der zwei Jahre zuvor mit dem Bau begonnen hatte, und beauftragte umgehend den Stuttgarter Architekturprofessor Robert von Reinhardt mit Umbaumaßnahmen. Nach Faißts frühem Ableben lebte seine Witwe bis zu ihrem Tod 1902 dort. Sie hatte 1893 eine neuerliche Umgestaltung veranlasst, die dem Palais Anbauten wie Veranden und ein Gewächshaus bescherten.

Tipp

HUGO WOLFS Vertonungen von Mörike- oder Goethe-Gedichten sind ein Begriff. Wahrscheinlich erklangen sie auch in der Villa Faißt, wo der mit Henriette Faißts Sohn Hugo befreundete Komponist Gast war.

In der Folge wechselte die Villa mehrfach den Besitzer. Heilbronner Kaufleute und Fabrikanten residierten bis 1922 in dem heute von Cäcilien- und Wollhausstraße eingezwängten Anwesen, ehe es wesentlich prosaischeren Zwecken diente. Zuerst in staatlichem und ab 1960 in städtischem Besitz wurde aus dem prunkvollen Palais ein Verwaltungsgebäude, in dem zuletzt die Mitarbeiter des Tiefbauamts und der Druckerei der Stadt ihrer Arbeit nachgingen. Erst mit den 1995 einsetzenden Restaurierungen erkannte man den Charme der recht heruntergekommenen Gründerzeitvilla wieder und versuchte die neoklassizistische Fassade und die repräsentativen Innenräume detailgetreu zu renovieren. Heute hat sich der Name Faißt-Villa fast verloren, denn seit 2000 firmiert sie als »Wein Villa«, betrieben von 16 Weingütern und der Genossenschaft Heilbronn-Erlenbach-Weinsberg. Wo einst am Tisch der Familie Faißt-Cluss über die Entwicklung im Brauereiwesen debattiert wurde, lässt sich nun Heilbronner Weingeschichte nachverfolgen. Um das nicht zu einer trockenen theoretischen Angelegenheit zu machen, liegt es nahe, das »Forum Vinum« und seine reichbestückte Degustationstheke aufzusuchen. Und wenn die Küche des Hauses Hähnchenkeule auf die Tageskarte setzt, dann – natürlich – »Winzer Art«, mit Trollingersößle.

»WERTVOLLSTE HEILBRONNER VILLA IST UND BLEIBT DIE VILLA FAISST« (GERD KEMPF IN DER Heilbronner Stimme)

ROBERT-MAYER-GYMNASIUM /// BISMARCKSTRASSE 10 /// 74072 HEILBRONN ///
0 71 31 / 64 28 00 /// WWW.RMG.HN.BW.SCHULE.DE ///

Neun Jahre lang, bis zum Frühjahr 1977, versuchte ich, am Robert-Mayer-Gymnasium, am RMG, die Vektorenrechnung zu verstehen, tiefschürfenden Erörterungsthemen wie »Soll man sich ein Leben ohne Arbeit wünschen?« gerecht zu werden oder mir die wundersamen Aussprachegepflogenheiten des Französischen anzueignen – in dem dreigeschossigen, wuchtigen Sandsteinbau an der Bismarckstraße.

EINE EHRWÜRDIGE UND MODERNE LEHRANSTALT

Zurückgehend auf eine aus dem Karlsgymnasium ausgegliederte königliche Realanstalt, genehmigte die Stadt Heilbronn 1887 den Schulneubau an der heutigen Bismarckstraße. Diesen – ein Monument des Historismus – weihte der (durch seine Streitsucht legendär gewordene) Oberbürgermeister Paul Hegelmaier zwei Jahre später ein. 1938 wurde die Oberschule nach dem berühmtesten Sohn der Stadt, dem Physiker Robert Mayer, benannt. Geändert hat sich seit meiner Schulzeit einiges. Im Innenhof, wo einst mein grünes Peugeot-Mofa parkte, reiht sich ein Lehrerauto an das andere. Von meinem einstigen Leib-und-Magen-Geschäft, Schreibwaren Müller in der Keplerstraße, ist nichts mehr zu sehen, und aus der Bismarckstraße vor dem knapp siebzig Meter langen Südflügel der Schule ist der Autoverkehr längst verbannt. Ja, selbst der Kaiser-Wilhelm-Platz, wo, wie man als Unterstufenschüler neidvoll beobachtete, die Älteren rauchten und flirteten, heißt nicht mehr so: Politisch sehr korrekte Menschen machten aus ihm einen »Friedensplatz«, vergaßen nur, das sturzhässliche Landwehrmännerdenkmal zu entfernen.

> **Tipp:** Eine Parkbank auf dem **FRIEDENSPLATZ** aussuchen und sich an – gute und schlechte – Schülerzeiten erinnern.

Immerhin, die Turnhalle, wo ich abends für den TTC Heilbronn Schmetterbälle neben die Tischtennisplatte schlug, ist geblieben. Die Kunst- und Chemielehrer walten ihres Amtes weiterhin im Obergeschoss. Direktion und Lehrerzimmer – Orte, die man als Schüler des vormals ob seiner hohen Durchfallquote gefürchteten Gymnasiums mied – sind wie eh und je im ersten Stock untergebracht, und ganz oben thront seit 1914 die RMG-Sternwarte mit einem historischen Hohlglobus. Und das Schulportal des im Zweiten Weltkrieg gehörig zerstörten Gebäudes lädt die Abiturjahrgänge bis heute dazu ein, ihre endlich erlangte Freiheit auf originelle Weise zu feiern – wie damals, Anfang der Siebzigerjahre war es wohl, als man den Eingang mit Mistfuhren verbarrikadierte ...

> **»EINFACH, ABER IN STILGEMÄSSEN, WOHLABGEWOGENEN VERHÄLTNISSEN« – SO CHARAKTERISIERTE STADTBAUMEISTER GUSTAV WENZEL SEINEN ENTWURF.**

ROBERT
MAYER

Physik zählte nicht zu meinen Lieblingsfächern, doch als Schüler des Robert-Mayer-Gymnasiums kam ich nicht umhin, mich mit dem 1814 geborenen Naturwissenschaftler und Arzt Robert Mayer zu beschäftigen und seine Entdeckung vom Energieerhaltungssatz halbwegs zu verinnerlichen. Dass sich Bewegungsenergie in Wärme umwandeln lässt und dass sich in einem geschlossenen System die Gesamtenergie komplett erhält, hatte Mayer – ohne sich um die Fachphysiker seiner Zeit zu kümmern – herausgefunden und 1842 publiziert.

DER LANGE WEG ZUR ANERKENNUNG

Lange Zeit dauerte es jedoch, bis diese Leistung wahrgenommen und Mayer das Erstrecht zuerkannt wurde. Die Physiker seiner Zeit ignorierten seine nicht in der korrekten Fachterminologie formulierten Schriften und wollten nicht eingestehen, dass ein Naturkundler alter Schule, der als Oberamtswundarzt (und später als Stadtarzt) in Heilbronn praktizierte, ihnen einen Schritt voraus sein könnte. Die unter anderem mit den Physikern Joule und Helmholtz geführten Querelen um die Priorität der Entdeckung ließen Mayer verzweifeln und führten zu heftigen Depressionen, die sich 1850 in einem Selbstmordversuch – Mayer sprang aus dem zweiten Stock seines Hauses – entluden. Mehrere Male wurde er daraufhin in psychiatrischen Anstalten behandelt.

Nach und nach erholte sich Robert Mayer von diesem Zusammenbruch, nicht zuletzt weil Fachwelt und Öffentlichkeit seine Verdienste einzusehen begannen. Die Universität Tübingen verlieh ihm die Ehrendoktorwürde; weitere Auszeichnungen und Orden folgten. Seiner Geburtsstadt blieb der aus einer angesehenen Familie stammende Mayer zeitlebens verhaftet. Seit 1841 wohnte er im Kirchhöfle nahe der Nikolaikirche, wo er auch praktizierte, wenngleich, nach seinem psychischen Zusammenbruch, mit geringer Patientenzahl. Dem »narrischen Mayer« trauten die Heilbronner nicht mehr recht über den Weg. Seiner Reputation als Wissenschaftler tat das keinen Abbruch. Als er am 20. März 1878 starb, erwiesen ihm Trauergäste von nah und fern die Ehre. Sein Grab befindet sich auf dem Alten Friedhof. 1892 schuf Wilhelm von Rümann ein Denkmal, das einen sitzenden Robert Mayer (als massive Bronzefigur) mit übereinandergeschlagenen Beinen zeigt. 2000 durfte das Denkmal nach zweifacher Umsiedelung seinen angestammten Standort auf dem Heilbronner Marktplatz wieder einnehmen.

»DER ZWECK FOLGENDER ZEILEN IST, DIE BEANTWORTUNG DER FRAGE ZU VERSUCHEN, WAS WIR UNTER ›KRÄFTEN‹ ZU VERSTEHEN HABEN UND WIE SICH SOLCHE UNTEREINANDER VERHALTEN« – SO BEGINNT MAYERS BAHNBRECHENDER AUFSATZ VON 1842.

Immer wieder hat man das Werk der Victoria Wolff neu entdeckt. Zuletzt war es Elke Heidenreich, die 2006 die Neuausgabe des Romans *Das weiße Abendkleid* stürmisch begrüßte und so eine kleine Renaissance der 1992 in Los Angeles gestorbenen Autorin auslöste. Am 10. Dezember 1903 (sie selbst machte daraus gern das Jahr 1908) wurde sie als Trude Victoria Victor in Heilbronn geboren. Die Lederfabrik Victor (in der Weipertstraße) genoss damals hohes Ansehen. Zusammen mit ihrer jüngeren Schwester Maja wuchs Victoria in der Moltkestraße, Hausnummer 21, auf.

AUS DER MOLTKESTRASSE NACH HOLLYWOOD

Dort versuchte Albert Einstein seiner in mathematischen Angelegenheiten nicht sehr beschlagenen Cousine Victoria auf die Sprünge zu helfen, ohne durchschlagenden Erfolg. Dennoch legte sie – unter Mädchen eine Seltenheit in jener Zeit – am Realgymnasium das Abitur ab, begann Chemie zu studieren, ohne ihr früh erwachtes Interesse für journalistische und literarische Arbeiten zu verleugnen. Mitte der 1920er-Jahre heiratete sie den Textilunternehmer Alfred Wolf; zusammen mit den beiden kurz darauf geborenen Kindern zog man ins Dachgeschoss des Elternhauses.

Beharrlich verfolgte sie ihre schriftstellerischen Ambitionen; 1932 erschien ihr Debütroman *Eine Frau wie du und ich*, der dem Leben George Sands nachspürt. Die Machtübernahme durch die Nationalsozialisten zwang die Jüdin Wolf dazu, zuerst in die Schweiz und dann in die USA zu emigrieren. Es gelang ihr, in Hollywood Fuß zu fassen; das 1939 zuerst auf Englisch erschienene *Weiße Abendkleid* kam unter dem Titel *Tales of Manhattan* in die amerikanischen Kinos. 1945 wurde ihre Ehe geschieden; vier Jahre später heiratete sie den Arzt Erich Wolff, der die Namensähnlichkeit mit seinem Vorgänger pointiert kommentierte: »Nach mir kannst du niemand mehr heiraten, denn einen Wolf mit drei ›f‹ gibt es nicht!«

»MEINE JUGEND WAR HERRLICH IN DER ALTEN FREIEN REICHSSTADT« (VICTORIA WOLFF).

Auch nach 1945 publizierte sie weiter, darunter den Spionageroman *Liebe auf Kap Kennedy* und *Stadt ohne Unschuld*, ein Werk, das die Geschichte Los Angeles' fiktional aufarbeitet. Mit leichter Hand glückte es ihr, historische Fakten und persönliche (Frauen-)Schicksale miteinander zu verschmelzen. Offensichtliche Heilbronner Spuren finden sich in ihrem Exilroman *Gast in der Heimat*, der 1935 im renommierten Amsterdamer Querido Verlag erschien. Er spielt in einer »schwäbischen Kleinstadt« und spiegelt anhand einer Familiengeschichte den auch in Heilbronn massiv auftretenden Judenhass, der eine Idylle brüchig werden lässt. Trotz dieser Erfahrungen hielt Victoria Wolff die Verbindung zu ihrer Geburtsstadt bis zu ihrem Tod aufrecht. 1949 reiste sie ein erstes, 1985 ein letztes Mal nach Heilbronn.

KILIANSKIRCHE /// KAISERSTRASSE 38 /// 74072 HEILBRONN ///
0 71 31 / 8 68 69 /// WWW.KILIANSGEMEINDE-HEILBRONN.DE/ ///

Wer in Heilbronn aufgewachsen ist und den Heimatkunde-Unterricht nicht komplett verdrängt hat, wird die Baugeschichte der Kilianskirche zumindest im Hinterkopf behalten und sich daran erinnern, dass ihr weithin sichtbarer Hauptturm knapp 64 Meter in die Höhe ragt. Als »Turm der Türme« gilt das durch unterschiedliche Stilepochen geprägte Bauwerk als Wahrzeichen der Stadt.

DAS »MÄNNLE« HÄLT WACHT

1507 erhielt der Weinsberger Baumeister Hans Schweiner den Auftrag, den bis heute das Gesicht der Kirche prägenden Westturm zu bauen – eine Arbeit, die den »genialen Einzelgänger« (Reinhard Lambert Auer) bis ins Jahr 1529 beschäftigte. Als – so der Schriftsteller Werner Bergengruen – »schmuckreicher Turm der jungen deutschen Renaissance« hat das Achteck Besucher immer wieder zum Staunen gebracht.

Je spitzer der Turm zuläuft, desto deutlicher wird, mit welchen eigentümlichen Figuren Stadtbaumeister Schweiner seinen Zeitgenossen ins Gewissen reden wollte. Absonderliche Tiere, groteske Fratzen und Fabelwesen recken sich in den Himmel, darunter ein Mönch, der mit gespaltener Zunge spricht. Fast filigran verjüngt sich der Turm, und ganz oben thront eine steinerne Figur, die den Heilbronnern seit jeher als »(Kilians-) Männle« geläufig ist und selbstbewusst über das Stadtgeschehen wacht.

Tipp

Der **HEILIGE KILIAN,** der Namensgeber, ist – zur Kirchbrunnenstraße hin – auf dem südlichen Mittelportal zu sehen, mit Schwert und Krummstab.

Mühelos gelingt es, etliche Stunden in der Kilianskirche zu verbringen und Sehenswertes aufzuspüren: vor allem natürlich den 1498 fertiggestellten Hochaltar Hans Seyfers, dessen Figuren und Flügelreliefs original erhalten sind. Weite Teile des Altars wie der gesamten Kirche wurden während des Zweiten Weltkriegs, in der Bombennacht vom 4. Dezember 1944 zerstört. 1968 konnte Hans Seyfers rekonstruierter Altar mit seinen so lebensnah wirkenden Figuren wieder aufgestellt werden. An hellen Tagen dringt das Licht der hohen Fenster durch das feingliederige Gesprenge mit seinen fünf Türmchen. Wann immer man im Mittelschiff der Kilianskirche Platz nimmt: die Erhabenheit und die Ruhe dieses über die Stadt hinaus bekannten Gotteshauses haben sich erhalten. Und schon deshalb lassen es sich Heilbronner Familien nicht nehmen, den Heiligen Abend mit einem Besuch in der festlich beleuchteten Kilianskirche zu beginnen.

»DIE ALTEN KIRCHEN SIND NICHT GROSS, VON AUSSEN EINFACH UND OHNE ZIERRAT« – HIER IRRTE GOETHE NACH SEINEM KURZBESUCH IN HEILBRONN.

HAFENMARKTTURM /// SÜLMERSTRASSE 28 /// 74072 HEILBRONN ///
WWW.STADTGESCHICHTE-HEILBRONN.DE/INDEX.PHP?ID=
HAFENMARKTTURM ///

Der 4. Dezember 1944 ist der schwarze Tag der Heilbronner Geschichte. Am frühen Abend flog die britische Royal Air Force einen gewaltigen Luftangriff auf Heilbronn, der über 60 Prozent der Altstadt zerstörte. Etwa 6.500 Menschen kamen dabei ums Leben. Symbol des Angriffs und des Wiederaufbaus nach 1945 ist der Hafenmarktturm in der Sülmerstraße.

EIN PHÖNIX AUS DER ASCHE

Der Turm, Reminiszenz eines Barfüßerklosters, wurde bereits 1950 wieder freigegeben. Auf seiner Spitze mahnt ein handgeschmiedeter, goldener Phönix an das Grauen des Krieges. Ein 2011 zusammen mit dem Turmhelm aufwändig restauriertes Glockenspiel spielt zweimal am Tag fünf Volksweisen – einmal um 19.20 Uhr, genau zu dem Zeitpunkt, da im Dezember 1944 die ersten Bomben auf das Stadtzentrum abgeworfen wurden.

> **Tipp** Je weiter man sich vom Hafenmarktturm entfernt, desto imposanter wirken seine knapp **52 METER.**

Heute ist der Turm mit seinem mächtigen Sockel der Mittelpunkt der innerstädtischen Fußgängerzone, die im Norden zum grandios misslungenen Theaterforum K3 (»Kaufen – Kino – Kultur«) führt. Bereits in den 1960er-Jahren wurde von der Sülmerstraße zur Hafenmarktpassage ein Turmdurchgang geschaffen, wo heute mit Ehrenmalen und Inschriften der Gefallenen der beiden Weltkriege gedacht wird. Viele Heilbronner, die den Durchlass nutzen, werden dem kaum Beachtung schenken – ebensowenig, steht zu befürchten, wie den am unteren Ende der Hafenmarktpassage in die Hauswand eines Versicherungsunternehmens eingelassenen gotischen Fenstern, die auf das alte Kloster verweisen. Damit nicht genug: Ein fächerförmiges Denkmal erinnert an die Heimatvertriebenen, und in der Sülmerstraße stellt sich Sabine Grzimeks zweiteilige Bronzeskulptur den Passanten in den Weg, zur Erinnerung an die Trümmerfrauen und Trümmermänner.

> **MATROSEN SIND AN DIESER ECKE SELTEN ZU SEHEN. MIT GESCHIRR – MIT »HAFEN« – HANDELTE MAN HIER FRÜHER.**

Einen Steinwurf weiter hat die 1604 gegründete Einhorn-Apotheke ihren Sitz, die dem Reisenden Johann Wolfgang Goethe 1797 ins Auge fiel: »Ein einziges Gebäude zeichnet sich aus, das durch die Bildsäule des Äskulaps und durch Basreliefs von zwei Einhörnern sich als Apotheke ankündigt.« Auch der 1954 errichtete Neubau greift das Motiv des Fabeltiers wieder auf. Vier Jahre bevor Goethe einen Abstecher nach Heilbronn machte, suchte sein Freund Schiller Zuflucht in den Stadtmauern – in der Sülmerstraße.

»Ich bin den 25. Aug. 1821 zu Heilbronn geboren. Mein Vater war Kunstgärtner. Zum Studium der Theologie bestimmt, besuchte ich das Gymnasium meiner Vaterstadt« – so beginnt ein eigenhändiger Lebenslauf den der Dichter und Essayist Ludwig Pfau (1821–1894) kurz vor seinem Tod verfasste. Dem Beruf des Vaters, der als einziger Heilbronner Gärtner Gewächshäuser besaß und 1849 nach Ohio auswanderte, folgte Pfau zuerst, als er als junger Mann eine Gärtnerlehre begann, in der Nähe von Paris – einer Stadt, der er viel verdankte.

LYRIKER, REVOLUTIONÄR UND EHRENBÜRGER

In den Literaturgeschichten findet sich Pfau heute allenfalls in den Fußnoten; hin und wieder taucht sein Name in Anthologien zur politischen Lyrik auf. Als eine »höchst seltsame Mischung von schwäbischer Verhocktheit und heimatloser Boheme« beschrieb ihn Theodor Heuss, wohl wissend, dass Pfaus häufige Ortswechsel nicht immer freiwillig waren. Als radikaldemokratischer Anhänger der Märzrevolution von 1848 sah er sich ein Jahr später gezwungen, von Baden aus in die Schweiz zu fliehen. 1852 wurde er in Abwesenheit zu einer Zuchthausstrafe von 21 Jahren verurteilt; bis 1863, als er von einer Generalamnestie profitierte, hielt er sich in Paris auf.

Pfau, der 1842 mit einem in Heilbronn erschienenen Gedichtband debütiert hatte, schwor diesem Genre nach und nach ab. Er arbeitete vermehrt als Übersetzer und Essayist, der sich mit Philosophie, Politik, Kunst und Fotografie auseinandersetzte. Vor allem als Kunstkritiker brillierte er mit Analysen, die vorschnelle Urteile vermeiden, und bekannte sich zu einem poetischen Realismus, der mit den naturalistischen Bestrebungen eines Emile Zola wenig anfangen konnte. Neben diesen lesenswert gebliebenen Essays haben vor allem seine Zeitgedichte überdauert. Gedichte wie das in der Heine-Tradition stehende *Der Leineweber* oder das 1849 publizierte *Badische Wiegenlied*, das, im Gewand eines harmlosen Kinderrefrains, die Niederschlagung des Rastatter Aufstands brandmarkt.

»DA TAUCHT MIT DEINEM WOHLBEKANNTEN BILDE / DIE KINDERZEIT AUS ROSEN MIR EMPOR: / ES GLÄNZT DER BEETE FARBIGES GEBILDE, / DAS ROTE HAUS BLICKT SONNENWARM HERVOR« (AUS LUDWIGS PFAUS *Dem Andenken meines Vaters*)

Pfaus Verhältnis zu seiner Geburtsstadt blieb zwiespältig. 1877 verurteilte man ihn, nachdem sich die preußische Regierung beleidigt fühlte, zu einer dreimonatigen Haftstrafe, die er in Heilbronn absaß. Vierzehn Jahre später erhielt er, nach heftigen Kontroversen, anlässlich seines 70. Geburtstags die Ehrenbürgerwürde Heilbronns. Die Auszeichnung galt weniger dem politischen Publizisten als dem »bedeutenden Ästhetiker und vorzüglichen Stilisten«. 1894 starb er nach einem Schlaganfall; seine Urne wurde in Heilbronn beigesetzt.

CONDITOREI & CAFÉ ROMANN /// SÜLMERSTRASSE 27 /// 74072 HEILBRONN /// 0 71 31 / 6 86 70 /// WWW.CAFE-ROMANN.DE ///

Wer Rathaus und Kilianskirche besichtigt hat und Kräfte sammeln möchte, um den Wartberg zu erklimmen, der sollte einkehren – am besten dort, wo man es seit jeher versteht, einfache Genüsse zu servieren, und wo man nicht allein dem Zeitgeist huldigt. Im Café Romann in der Sülmerstraße zum Beispiel, das das mitunter angenehme Gefühl vermittelt, die Uhren seien stehengeblieben, zumindest für einen Kaffee und ein Stück Krokantkranz lang. Andernorts mag man auf Coffee to go setzen und Kreationen wie Apple Cinnamon Latte anbieten – im Romann verzichten wir darauf gern.

ZWISCHEN HOCHZEITSTORTEN UND KONDITOREIS

Seit sage und schreibe 1696 kümmert sich Familie Romann um das leibliche Wohl seiner kalorienvergessenen Besucher. Seine kleinen Räumlichkeiten sind schlicht gestaltet; die Topfpflanzen wirken geduldig. Die heidelbeerfarben gepolsterte Bestuhlung ist so, dass man keine Mühe hat, sich ohne Kreuzbeschwerden zu erheben; eine Suppen- und Eintopfkarte bietet das Erforderliche. Vor Ostern grüßen bunte hart gekochte Eier von den Tischen, und die Kundschaft weist einen gehobenen Altersdurchschnitt auf. Das hausgemachte Eis mundet köstlich, und die klassische schwäbische Laugenbrezel mit Butter ist comme il faut. Das freundliche Bedienungspersonal ist von erfrischender Scheu und tut sich mitunter schwer, ein Hefeweißbier – man kann ja nicht immer Kaffee trinken – fachkundig einzuschenken. Überhaupt ist es selbst an einem Samstagmorgen nie hektisch im Café Romann, das sich den – mit »C« geschriebenen – Zusatz »Conditorei« leistet und sein Renommee durch die Produktion unterschiedlichster Hochzeitstorten (Bestellung zwei Tage im Voraus!) und handgefertigter Pralinen tagtäglich festigt.

Tipp: Mit einem Buch – vielleicht mit diesem – einen Fensterplatz im Romann ergattern und ein **SCHINKENHÖRNLE** bestellen … was will man mehr?

Gewiss, man kann sommers auch draußen sitzen und sich von den Passanten auf den Teller schauen lassen, doch viel lieber bin ich drinnen, wo gerade einmal 40 Stühle Platz finden, und freue mich über Arabertorten oder Baumkuchen, die der Konditor im Signet des Cafés stolz vor sich her balanciert. Die Preise sind human und haarscharf kalkuliert – wie das Viertele Trollinger für 3,05 Euro belegt. Ja, so solide ist das Café Romann, und so möge es bleiben.

> **»SACHEN WIE FRÜHER« VERLANGEN DIE GÄSTE IM CAFÉ ROMANN – UND BEKOMMEN SIE.**

ALTER FRIEDHOF /// WEINSBERGER STRASSE /// 74072 HEILBRONN /// WWW.STADTGESCHICHTE-HEILBRONN.DE/INDEX.PHP?ID=46#/KIRCHEN/ALTER_FRIEDHOF/ ///

Der Alte Friedhof zwischen Weinsberger- und Schillerstraße ist mein Ur-Friedhof, der Ort, an dem sich jugendliche Melancholie in den 1970er-Jahren bestens spiegeln ließ. Im Jahr 1530 nimmt seine Geschichte ihren Anfang, doch die bis heute währende Magie erhielt er 1887, als man entschied, auf dem Alten Friedhof keine Beerdigungen mehr zuzulassen und ihn endgültig zu einer zauberhaften Parkanlage umzugestalten.

LOKALHISTORIE ZWISCHEN MÄCHTIGEN BÄUMEN

Als »unverzichtbarer Bestandteil des Heilbronner Grünsystems« (Hans-Peter Barz) gilt der Friedhofspark heute, und dass er nicht zu sehr vom nahen Verkehrstosen beeinträchtigt ist, verdankt sich nicht zuletzt der Bürgerproteste, die 1968 aufkamen, als im Rathaus die irrwitzige Idee aufkam, die Mauer an der Weinsberger Straße abzureißen. Realität wurde das zum Glück nicht, und so erfreuen sich alle unverdrossen am geringen Dezibelaufkommen und am eindrucksvollen, mitunter exotischen Baumbestand. Da findet sich ein Japanischer Schnurbaum mit fast fünfeinhalb Meter Stammumfang, und eine Schwarznuss, die an das nicht schöne, aber imposante neun Meter hohe Kaiser-Wilhelm-Denkmal von 1893 in der Friedhofsmitte grenzt, bringt es auf 4,45 Meter und wird im Herbst, wenn sich ihre Blätter goldgelb färben, zum Blickfang.

Tipp: Sie kennen Mörikes Freund **FRIEDRICH WILHELM BUTTERSACK** nicht? Dann besuchen Sie wenigstens sein Grab.

Die Passanten verlangsamen unwillkürlich ihren Schritt, wenn sie den Friedhofspark queren. Weil die Bänke zum Innehalten einladen, weil manche Stämme tiefe Hohlräume aufweisen, die Fledermäusen Wohnung geben oder weil sich auf wenigen Quadratmetern die einmalige Gelegenheit bietet, Heilbronner Stadtgeschichte zu studieren. Über 200 Grabmale lassen sich auf dem Friedhof abschreiten, verwitterte Monumente oft. Märklin, Rümelin, Kistenmacher, Schliz, Gräßle, Feyerabend, Bruckmann, Mayer … Namen über Namen, die auf unterschiedlichste Weise Stadtgeschichte schrieben. Und natürlich ist da das Klett'sche Familiengrab mit dem Hinweis auf Elisabeth »Lisette« Klett geborene Kornacher, das vermeintliche Modell des *Käthchens von Heilbronn*.

WÜRTTEMBERGS SCHÖNSTER FRIEDHOF – WER WOLLTE DIESEM PRÄDIKAT ERNSTHAFT WIDERSPRECHEN?

Ein Gang zum Alten Friedhof ist Pflichtprogramm all meiner Heilbronn-Besuche. Gut, dass sich manches nicht ändert, wie das von Verfallsspuren gezeichnete Schild »Hunde an die Leine«. Ein, zwei Kastanien stecke ich in die Manteltasche, und so ist mein Alter Friedhof immer mit mir.

Einmal im Jahr war Pferdemarkt. Die Karl- und Moltkestraße entlang, bis zum Rathgeber-Parkplatz. Pferde gab es auch, aber die spielten keine große Rolle. Kettenkarussell, Losbuden, Büchsenwerfen, Wurstständе – die Rote zu einer Mark –, Zuckerwatte, Äpfel in roter Zuckerglasur, Schokobananen, gebrannte Mandeln, Popcorn, türkischer Honig, der so in den Zähnen klebte, dass man sich schwor, nie wieder türkischen Honig zu essen, und natürlich die Boxautos.

EIN WAHRER JUNGBRUNNEN!

Auf dem Pferdemarkt hielt ich mich den ganzen Tag auf, schulfrei war sowieso. Ich zog morgens los, mit extra Pferdemarktgeld, und kam erst am späten Nachmittag wieder, mit ein paar Losgewinnen. Hauptsache, kein Plüschbär, sagte Mutter. Wohin sollen wir mit dem. Meistens gewann ich Dosenöffner oder Gummitiere, vielleicht mal eine Trillerpfeife. Wenn ich genug von den Vergnügungsbuden hatte, suchte ich die Verkaufsstände, an denen fliegende Händler Waren anboten, die man nicht alle Tage sah. Wie schnell die redeten, wie sie riefen und flehten, wie sie die Vorbeigehenden anlockten, wie sie Witze rissen, mit dem Publikum scherzten und den anfangs skeptischen Hausfrauen das Gefühl gaben, auf diese Küchenhilfen oder Arzneimittel dringend angewiesen zu sein.

Stundenlang hörte ich diesen Männern – Frauen waren selten darunter – zu. Wie sie Gurkenhobel ansetzten, Gemüse zur Hand nahmen und klein schnitten, es auffächerten oder grob zerhackten. Niemand aß das hinterher, auch eine Verschwendung, die in Biafra wären froh darüber gewesen. Andere Händler präsentierten Reinigungsmittel, die selbst die schlimmsten Flecken im Nu entfernen sollten. Oder beschichtete Pfannen, in denen nichts, aber auch gar nichts anbrannte. Was immer es an Gerätschaften gab, alles diente dazu, der Hausfrau das Leben leichter zu machen. Was musste die sich früher abmühen, als sie die Zwiebel mit dem Messer schnitt, keinen Drehhobel besaß, der in Sekundenschnelle Karotten- oder Zwiebelwürfelchen produzierte. Mit denen, sagte der Verkäufer, ließen sich Aufschnittplatten – wenn der Chef Ihres Mannes kommt und sie ihm etwas Besonderes auftischen wollen – wundervoll garnieren, wie im Restaurant. Die nächste Gehaltserhöhung für Ihren Gemahl ist nur eine Frage der Zeit!

> **MUTTER EINEN ALLESZERKLEINERER MITBRINGEN? VATER EIN PAKET AAL? DAS WILL WOHLÜBERLEGT SEIN.**

Manche taten sich mit ihrem Angebot schwerer. Fußcreme zum Beispiel lief schlechter. Knoblauchpillen schon besser, obwohl der Verkäufer lange ausholen musste, warum es wichtig sei, ein ganzes Leben und vor allem im Alter viel Knoblauch zu essen. Gegen Arterienverkalkung gebe es nichts Besseres als Knoblauch, ein wahrer Jungbrunnen! Die Dragees, die auf dem Pferdemarkt feilgeboten wurden, hätten keine unangenehmen Begleiterscheinungen. Man rieche nichts, und das sei im Ehe- und Liebesleben von Vorteil, rief der Verkäufer und erntete glucksendes Lachen. Die älteren Frauen, die aus Massenbachhausen, Affaltrach oder Zaberfeld zum Pferdemarkt gekommen waren, schienen nachdenklich zu werden. Vielleicht sollte man das mit diesem Knoblauch einmal probieren. In der Türkei, wo man Knoblauch zum Frühstück aß, wurden die Menschen viel älter als in Massenbachhausen, Affaltrach oder Zaberfeld.

SCHULFREI, WEIL PFERDEMARKT WAR! MEINETWEGEN HÄTTE DER ALLE ZWEI MONATE STATTFINDEN KÖNNEN.

Ob die Knoblauchpräparate, die Hobel, Schrubber und Pfannen sich zu Hause bewährten, stand auf einem anderen Blatt. Bis zum nächsten Februar hatten die Enttäuschten alles vergessen. Immer konnte man auch Blumen kaufen, Tulpenbündel oder Geranien. Die gab es im Sonderangebot, schnell versenkt in großen Plastiktüten und zum runden Preis angeboten. Wer konnte sich da zurückhalten, wenn die anderen alle zuschlugen. Zumindest vom Bananen-Bubi nahm man etwas mit, kiloweise Früchte aus San José oder Caracas, alles fast geschenkt. Oder Aale, die ein norddeutsch sprechender Mann, wie im Ohnsorg-Theater, auf fettiges Papier schlug, noch einen drauflegte und noch einen, für ganze zehn Mark. Was man mit diesen Aalen anfing, war mir unklar. Briet man die oder machte sie blau wie Forelle? Solche Aale brachte ich Mutter nie nach Hause, eher eine Tüte Magenbrot, für das sie schwärmte.

JÜDISCHER FRIEDHOF /// IM BREITENLOCH /// 74072 HEILBRONN ///
SCHLÜSSEL GEGEN VORLAGE EINES PERSONALAUSWEISES ODER REISEPASSES
ERHÄLTLICH IM STÄDTISCHEN GRÜNFLÄCHENAMT /// CÄCILIENSTRASSE 51 ///
0 71 31 / 56 – 22 30 ///
WWW.ALEMANNIA-JUDAICA.DE/HEILBRONN_FRIEDHOF.HTM ///

»Die Anlage eines israelitischen Friedhofs für die hiesige Kirchengemeinde ist nun eine beschlossene und genehmigte Sache. Die Erwerbung des Ackers, die Einzäunung von etwa 3/8 dieses Areals, die Planie und das Leichen- und Bethaus mögen auf 9 bis 10 Tausend Gulden zu stehen kommen« – so frohlockte im Dezember 1867 die jüdische Wochenzeitschrift *Der Israelit*, und bereits ein Dreivierteljahr später fand die erste Bestattung auf dem nach Mannheimer Vorbild gestalteten 6500 Quadratmeter großen Gelände im Breitenloch statt.

EINGEBUNDEN IN DAS BÜNDEL DES LEBENS

Notdürftig bedecke ich meine Haare mit einem Taschentuch, um dem Merkblatt des Oberrats der Israelitischen Religionsgemeinschaft Baden Genüge zu tun, bin nach wenigen Minuten so versunken, wie man es vielleicht nur auf jüdischen Friedhöfen sein kann, und lege einen Kieselstein auf einen der Grabsteine. Deren Inschriften sind (für die Jahre 1883–1932) vom Duisburger Steinheim-Institut in einer Datenbank erfasst, und so lassen sich einige der Toten auf diesem Wege dem Vergessen entreißen. Der 1932 verstorbene Adolf Oppenheimer zum Beispiel oder »Josef Sohn des Jehuda Halevi«, der am 17. Februar 1883 starb, »ein Mann aufrecht und tugendhaft in all seinen Eigenschaften und nach Frieden strebend alle Tage seines Lebens«. Mehrere Gedenksteine durchbrechen das bröckelnde Braun der Gräber und das Immergrün der widerstandsfähigen Bepflanzung. Einer davon gedenkt Unbekannter, die 1943 in einem Sammelgrab bestattet wurden; ein 1987 errichtetes, aus vier Quadern bestehendes Mahnmal führt die Namen der 235 Heilbronner Juden auf, die zur Zeit des Nationalsozialismus umkamen.

Tipp

Um den Friedhof zu betreten, muss man einen Schlüssel entleihen, zum Beispiel beim **GRÜNFLÄCHENAMT** in der Cäcilienstraße.

1938 IN BRAND GESETZT, 1940 ABGERISSEN – ÜBER SECHZIG JAHRE HATTE DIE ALTE SYNAGOGE IHREN PLATZ AN DER ALLEE.

Im September 1920 fand die feierliche Enthüllung eines Kriegerdenkmals statt »für die auf dem Felde der Ehre gefallenen Helden« der jüdischen Gemeinde. Neben dem Bezirksrabbiner Beermann sprach auch Rechtsanwalt Siegfried Gumbel, Vorsteher der Ortsgruppe Heilbronn des »Central-Vereins deutscher Staatsbürger jüdischen Glaubens« und später von den Nationalsozialisten angefeindetes Mitglied des Gemeinderates. »Rührend schöne und rührend schlichte Worte« habe, so *Der Israelit*, Gumbel gefunden. 1941 kam er in das KZ Dachau, wo er am 27. Januar 1942 ermordet wurde. Schwarze Gedanken, die sich beim Gang durch den Jüdischen Friedhof nicht beiseiteschieben lassen. Seit Mai 2009 erinnert ein Stolperstein vor dem Haus Gartenstraße 50 an diesen bedeutenden Heilbronner Bürger.

BOTANISCHER OBSTGARTEN /// ECKE ERLENBACHER STRASSE / IM BREITENLOCH /// 74072 HEILBRONN /// 0 71 31 / 48 23 53 /// WWW.BOTANISCHER-OBSTGARTEN.DE ///

Was ist das für eine liebevoll gestaltete, originelle Anlage, die sich da, am Fuße des Wartbergs, auf knapp 2 Hektar ausbreitet! 1900 zog eine Knabenarbeitsanstalt auf dieses Gelände, und niemand hätte sich träumen lassen, dass daraus ein Jahrhundert später ein botanisches Refugium werden würde. Wo man einst Knaben »vor den Einflüssen nachteiliger Gesellschaft« bewahren wollte, schlendert man nun durch einen Obstgarten und wird mit jedem Schritt klüger.

SEIT' AN SEIT': IONISCHE SÄULEN UND ALTE WEINBERGHÄUSCHEN

In jeder Ecke gibt es Überraschendes zu bestaunen, werden Erinnerungen an althergebrachte Obstsorten und Blumen wach, an die man schon lange nicht mehr gedacht. Die aromatische Brombeere »Navaho«, eine rotwangige Sommerbirne mit dem wohlklingenden Namen »Frühe von Trevoux«, Gewürzluiken, eine Sorte, die meine Mutter mir in den Schulranzen steckte … aus gutem Grund bittet ein Schild die Besucher, die attraktiven Früchte nicht zu verzehren.

Tipp: Kuchen wie bei Muttern im **PESTALOZZICAFÉ** und farbenfrohe Blumensträuße aus dem Hofladen – der Sommer macht es möglich.

Obstgehölze reihen sich an Blumenbeete, die »Licht und Schatten« oder »Romantisches Farbenspiel« heißen, und Schaugärten, in deren Zentrum ein Maurischer Garten, der dem Auge Lavendel, Mohn und Fetthenne bietet, und ein Pavillon aus dem Jahr 1877 stehen. Überhaupt spielen Baulichkeiten eine entscheidende Rolle, seitdem man begann, historische Gartenhäuser und Lauben hierher zu versetzen. Gleich am Eingang Ecke Erlenbacher Straße/Im Breitenloch begrüßt uns eine achteckige, antikisierende Laube aus dem Biedermeier, die ursprünglich in Güglingen stand. Ein ockergelb-kirschrot gestreiftes Häuschen stammt aus Böckingen und diente, als die Industrialisierung Ende des 19. Jahrhunderts um sich griff, den Städtern als Rückzugsort mit der Möglichkeit zur Selbstversorgung. In der Haller Straße hingegen stand 1900 ein kleiner, griechischen Mustern nachgebildeter Rundtempel mit vier ionischen Säulen, dessen Erbauer, Sanitätsrat Dr. Wild, seinen Nachbarn selbstbewusst signalisierte, wie es um seine Kenntnisse der Antike stand. Und nicht zuletzt eines jener hölzernen Häuschen, deren schlichte Form lange Zeit die Weinberge in Heilbronn prägte. Während der Lese bot es Unterschlupf bei Regen und Sturm, und kleine Holzvorräte ließen sich dort auch unterbringen.

SIE WOLLEN DIE GRÄFIN VON PARIS KENNENLERNEN? KEIN PROBLEM, EN PASSANT WERDEN SIE DIESER GROBSCHALIGEN DAME, EINER WINTERBIRNE, SICHER BEGEGNEN.

GASTSTÄTTE VOLKSGARTEN /// PFÜHLSTRASSE 57 /// 74072 HEILBRONN /// 0 71 31 / 64 50 77 ///

Nein, oft sind wir als Kinder dort nicht eingekehrt. »Meine Frau ist eine hervorragende Köchin« – dieses oft wiederholte Lob meines Vaters führte zwangsläufig dazu, dass wir nicht allzu oft »auswärts« aßen. Wo es sowieso meist zu teuer war und man Gefahr lief, einen zähen Rostbraten serviert zu bekommen. Deshalb sah uns das schöne Wirtshaus Volksgarten, an der Ecke Pfühl- und Mörikestraße, nicht oft als Gäste. Zweihundert Meter weiter wartete schließlich Mutter mit dem Nachtessen.

DA LASS' DICH RUHIG NIEDER!

Gut müssen sie gelaufen sein, die Geschäfte des aus Weinsberg stammenden Architekten Hermann Maute und seines in Brackenheim geborenen Schwiegersohns Theodor Mocsbrugger. Viele repräsentative Bauwerke in Heilbronn und Umgebung – die Villen Dittmar und Cluss, das Schwaigerner Rathaus – basierten auf ihren Plänen. Beide avancierten zu den Hausarchitekten der Sontheimer Zwirnerei Ackermann, und auch der dem Heimatschutzstil verpflichtete Volksgarten, 1898 erbaut, ist ein Gemeinschaftsprojekt des emsigen Baumeisterduos. An liebenswerten Häusern fehlt es in der Pfühlstraße nicht, doch die zweigeschossige Anlage des »Volksgarten« sticht jedem ins Auge. Mühelos könnte man es für ein Landhaus halten und sich ausmalen, wie eine soignierte Adlige ihren Kopf durch die Giebelfenster streckt. Geschickt ist es den Architekten gelungen, Stein- und Fachwerkelemente miteinander zu verknüpfen. Der Schwebegiebel im Schweizerhausstil gibt dem Objekt eine großzügige Anmutung, und man kann sich vorstellen, welchen Eindruck dieser Bau Ende des 19. Jahrhunderts im Heilbronner Osten machte. Dem schmalen, von zwei Speisekarten eingerahmten Eingang zur Gaststätte schließt sich eine dichte Hecke an, hinter der sich ein kleiner Biergarten verbirgt. Selbst bei größter Hitze – der Heilbronner Kessel neigt ja zu schwüler Witterung – lässt es sich da aushalten, mit einem kühlen Weizenbier oder einem Weißherbst allemal. Wenn mich ab und zu der Weg vom Pfühlpark in die Hundsbergstraße (wo, Sie wissen schon, das Nachtessen bereitsteht) führt, beginne ich langsamer zu gehen. Ich prüfe, womit der »Volksgarten«-Wirt seine Karte bestückt hat (Bodenständiges zumeist), und nehme mir fest vor, beim nächsten Mal in diesem unter Denkmalschutz stehenden Wirtshaus zu essen, einen Wurstsalat beispielsweise. Mutter wird das verstehen.

Tipp: Ein Suchspiel für Heilbronner Stadtplanleser: Wo mag sich die nach dem Architekten **MOOSBRUGGER** benannte Straße befinden?

»D'R WEI' MIT SOVIEL SCHWEISS GEBORA, / ISCH, WENN M'N NEISAUFT, GRAD VERLORA« – EINE AUCH IM »VOLKSGARTEN« GÜLTIGE WEISHEIT GERHARD BINDERS.

SEIFEN-REINHARDT GMBH /// BISMARCKSTRASSE 72/2 /// 74074 HEILBRONN /// 0 71 31 / 17 55 13 /// WWW.SEIFEN-REINHARDT.DE ///

Es ist ein Geschäft, wie es eigentlich keines mehr geben dürfte, ein Krämerladen alten Zuschnitts, der über 5.000 Artikel feilbietet und jede Tante Emma vor Neid erblassen ließe. Schon sein Name bringt die Augen zum Leuchten: »Seifen Reinhardt«. Ich kenne den Laden aus meiner Kindheit, aber es braucht keine Verklärung, um ihn auch Jahre später umwerfend schön zu finden.

EIERSTÜCKLER UND GRABLATERNEN

Er liegt in der Heilbronner Bismarckstraße 72/2, neben der Wichernkirche, wo ich in den Kindergarten ging und konfirmiert wurde. Immer, wenn es im Haushalt an ungewöhnlichen Dingen fehlte, an fast ausgestorbenen Objekten, die man unmöglich beim Konsum, beim Kachel oder bei Kaiser's Kaffee bekam, machten wir uns auf den Weg in das sich über mehrere Stockwerke und bis in den Keller erstreckende Reinhardt'sche Labyrinth. Nichts hat der Laden, der in den Anfängen vor allem das Waschpulver »Schneehase«, den »Freund der Hausfrau«, vertrieb, von seiner charmanten Undurchdringlichkeit verloren. Besen hängen von den Decken, Einkaufskörbe stapeln sich in alle Himmelsrichtungen, und in handbeschrifteten Kartons findet sich alles Erforderliche für die Rasur, den Saunagang oder die Kneipp-Kur.

Tipp Kurz bei Seifen Reinhardt vorbeischauen? Ein unrealistisches Vorhaben – eine Stunde **STÖBERAUFENTHALT** ist das Minimum.

Wer keine Lust hat, die guten, alten Dinge zu gesalzenen Preisen bei Manufactum zu erstehen, wird bei Seifen Reinhardt fündig werden – nach längerem Suchen vielleicht, doch die fachmännische Beratung ist nicht weit. Warum nach London, Timbuktu oder Garmisch-Partenkirchen reisen, wenn man in Heilbronn am Neckar alles zum Leben Benötigte erhält? Apfelreiben, Brikettzangen, Entsafter, Fliegenklatschen, Grablaternen, Jaucheschöpfer, Kehrwochenschilder, Eierstückler, Lebendmausefallen, Pfitzaufformen (schon mal Pfitzauf gegessen?), Schmierseife, Urinsteinlöser, Wellhölzer, Zinkwannen – das Angebot reicht mühelos für mehrere Leben. Ich weiß nicht, ob sich der Ruf dieses Glückshorts schon bis in jeden Winkel Deutschlands herumgesprochen hat, bis ins Ruhrgebiet auf jeden Fall – wie ein dankbarer Seifen-Reinhardt-Kunde betont: »Wir kommen von Duisburg, aber solche Läden gibt's bei uns nicht.«

»HABEN SIE RÜCKENBÜRSTEN?«, FRAGT DIE ÄLTERE DAME VOR MIR. UND GANZ GEWISS WIRD SIE NICHT OHNE RÜCKENBÜRSTE NACH HAUSE GEHEN …

ROSENGARTEN IM PFÜHLPARK /// RICHARD-BECKER-STRASSE ///
74074 HEILBRONN ///
WWW.HEILBRONN.DE/VER_UMW/GRUEN/PARKS/PFUEHLPARK/ ///

Die ersten Schlittschuhschritte, der erste Flachschuss, der seinen Weg ins Tor fand zwischen zwei Pullovern, die als Pfosten dienten, der erste Kuss auf einem der von Büschen und Bäumen verdeckten Seitenwege – im rund neun Hektar großen Pfühlpark ließen und lassen sich Erfahrungen machen, die man nie wieder vergisst. Auch deshalb ist er ein Anziehungspunkt für Jung und Alt, für Groß und Klein.

DUFTENDE ROSEN UND UNHÖRBARE KLÄNGE

Den in den 1930er-Jahren fertiggestellten Pfühlpark betritt man am besten, von der Hundsbergstraße kommend, am unteren Ende der Schlizstraße. Denn gleich zur Rechten befindet sich das Kleinod der Anlage, der wie verzaubert wirkende Rosengarten. Mit den Rosarien in Sangerhausen oder Darmstadt kann er sich nicht messen, doch seine überschaubare klassisch gegliederte Anlage lädt dazu ein, es sich auf einer der Bänke bequem zu machen, sich vom gleichförmigen Wasserstrahl des achteckigen Springbrunnens besänftigen zu lassen, im Sommer die Hitze und den betörenden Rosenduft aufzusaugen und die beiden steinernen Musikanten zu studieren, deren vom Wind untermalte Melodien der Fantasie freien Lauf lassen. Gänseblümchen werden auf dem Rasen geduldet, und blickt man gen Osten, so sieht und erahnt man die stärker frequentierten Teile des Parks, wo sich Volieren, Spiel- und Liegewiesen ausbreiten und die kühnen Rutschen des Spielplatzes zu Piratenabenteuern einladen. Ein Angebot, das von Familien besonders gern genutzt wird. Die weiten Alleen und die von Kindern früher eher gefürchteten schummrigen Nebenwege am Bahngleis eröffnen sonntags die Gelegenheit, zwischen Rostbraten und Träubleskuchen einen nicht zu anstrengenden Verdauungsspaziergang zu machen.

> **Tipp:** Lauter Torjubel, einstürzende **SANDKUCHEN,** betörender Rosenduft – der Reiz des Pfühlparks lässt sich nicht auf einen Nenner bringen.

Auf der Grundlage eines innovativen Begrünungskonzepts wurde der unter Wildwuchs leidende Park in den 1990er-Jahren kraftvoll umgestaltet, ohne dass man ihm seinen ureigenen Charme geraubt hätte. Vorbei an einem Kiosk, der seit jeher Anlaufstelle für Eisesser und Biertrinker ist, und über die Richard-Becker-Straße (vormals Linnéstraße) gelangt man zum Pfühlsee, der alle Jahre zufriert und die Möglichkeit für zaghafte Kufenschritte gibt. Bis zum Dickicht der kleinen Pfühlseeinsel schaffen es dann die meisten.

> **PACK DIE PICKNICKSACHEN EIN – AUF DEN PARKWIESEN FINDET SICH ALLEMAL EINE PASSENDE ECKE.**

WARTBERG /// WARTBERG (STRASSE ERREICHBAR ÜBER KINDSBERG UND PANORAMAWEG) ///

Von Weitem ist der 308 Meter hohe Wartberg mit seinem Turm zu sehen und gilt als »Merkzeichen der Heilbronner Gegend« (Werner Bergengruen). Ob zu Fuß durch einen Hohlweg oder mit dem Auto, vorbei an der Deponie Wolfszipfel und an einem Verkehrsübungsplatz, auf dem ich – lang ist's her – den Käfer meines Bruders traktierte, kaum ein Besucher der Stadt lässt es sich nehmen, den fulminanten, mitunter bis zum Katzenbuckel und bis nach Stuttgart reichenden Ausblick vom Wartberg zu genießen.

TANZENDE DICHTER UND TROMMEL SCHLAGENDE HASEN

Gewährsmann aller Wartberg-Touristen ist Johann Wolfgang Goethe, der 1797 den Abend seines 48. Geburtstags auf der von Weinbergen umgebenen Anhöhe verbrachte und die »Sonne als blutrote Scheibe in einem wahren Sciroccoduft rechts vor Wimpfen untergehen« sah. Zu jener Zeit hatte der Wartberg große Attraktivität gewonnen, nachdem ein Türmer, Philipp Jakob Nast, 1764 eine Schankerlaubnis erhalten hatte und den Heilbronnern, fernab der städtischen Obrigkeit, vielgerühmte Tanzabende bot. Als gewiefter Geschäftsmann wusste Nast Neugier zu schüren und stellte dressierte Tiere zur Schau, darunter, wie Justinus Kerner berichtet, einen Trommel schlagenden Hasen und einen Esel, der die Kunst des Wahrsagens beherrschte.

Tipp: Einmal im Jahr zu Fuß auf den Wartberg – früher ein **PFLICHTPROGRAMM** für die Heilbronner Bürger.

Kein Wunder, dass die »grüne Höhe« (Franz Dingelstedt) zu einem wahren Wallfahrtsort wurde und dass hier beim Oktoberfeuer sogar manche Ehe, wie die des Dichters und Juristen Karl Mayer, gestiftet wurde. Vor allem der 30 Meter hohe, ursprünglich mit einen Kegelabschluss versehene Wartbergturm verblüffte die Gäste, da ihn lange ein auffälliger Kupferknopf schmückte, der je nach Stellung den Feldarbeitern signalisierte, ob ihr Tagewerk beendet war. Gegen Ende des 19. Jahrhunderts wurde der Knopf, dieses »Denkmal alter Sinnlichkeit« (Goethe), durch einen Weidenkorb ersetzt; kurz zuvor erhielt der Turm seinen ihn prägenden Zinnenkranz. Über diesen spannt sich heute eine Installation des Niederländers Jan van Munster, der »Sonnenstrahl für Heilbronn«. Wer nach dem Besuch von Heilbronns höchstgelegenem Restaurant, der Wartberg-Gaststätte, noch in der Lage ist, den Turm zu erklimmen, mag schließlich selbst entscheiden, ob das dort gebotene Panorama wirklich, wie Schubart schrieb, »nächst dem Donautale gewiss der herrlichste Anblick in ganz Deutschland« ist.

ERINNERUNGSORT WARTBERG: »ICH BIN IM TRAUM ZUWEILEN AUF DEM HEILBRONNER TURM« (LUDWIG UHLAND).

GALGENBERG /// AUF DER KREISSTRASSE 9550 AUS HEILBRONN HERAUSFAHREN. VOR DER GASTSTÄTTE JÄGERHAUS BEFINDET SICH EIN GROSSER WALDPARKPLATZ /// WWW.THEMENPARK-UMWELT.BADEN-WUERTTEMBERG.DE/SERVLET/IS/10771/?PATH=7160;10552; ///

Keine Frage: Die Armsündersteige im Osten Heilbronn zählt zu den noblen Wohngebieten, und mancher von denen, die als Neubürger dort ein Haus beziehen, mag sich über den wenig erbaulichen Straßennamen wundern. Und in der Tat: »Arme Sünder« waren es, die vormals diesen Weg gingen, ihren letzten Weg hinauf zum Galgenberg, der Heilbronner Hinrichtungsstätte. Die Todgeweihten passierten einen vielleicht Trost spendenden Bildstock, der als Nachbildung dort immer noch steht und den Leidensweg Christi hinauf zum Berg Golgatha zeigt.

HANG DOWN YOUR HEAD AND CRY

Von dort hatten die Todeskandidaten nur noch eine kurze Wegstrecke zurückzulegen, bis sie den exponiert platzierten Galgen erreicht hatten. Ein letztes Mal durften sie einen Blick auf die Schönheit dieser Welt werfen und über ihr verpfuschtes Leben nachsinnen. Bis 1811 stand der dreibeinige Galgen an dieser Stelle, und alte Stiche der Stadt verdeutlichen, welch mächtige Holzkonstruktion da als Mahnung für potenzielle Sünder von Weitem ins Auge stach. 1901 stieß man bei Ausgrabungen nicht nur auf Skelette, sondern auch auf Fundamentreste, die auf eine Innenweite des Dreieckes von 7 Meter 50 hindeuten.

> **Tipp:** Am Parkplatz **WEINSBERGER SATTEL** aussteigen, den Galgenbergweg hinaufgehen und die Stadt begrüßen – so kann Heimkehr aussehen.

Kurz zuvor hatte der Verschönerungsverein die Initiative ergriffen, an dem Ort, wo den Verurteilten der Strick um den Hals gelegt wurde, eine Aussichtsplattform anzulegen. Diese gibt es noch heute, versehen mit einer wackligen Bank. Wenn man vom Weinsberger Sattel, diesem Eingangstor zur Stadt, den Galgenbergweg hinaufgeht, eine Handvoll Steine aufliest und den Aussichtspunkt erreicht, freut man sich, selbst wenn Hochhäuser das Bild trüben, wie eh und je an dem Blick über die Stadt und ihre Weinberge.

> **1322 WURDE DER REICHSSTADT HEILBRONN DER »BLUTBANN« VERLIEHEN. FORTAN STAND ES IHR ZU, TODESURTEILE ZU ERLASSEN UND ZU VOLLSTRECKEN.**

Der Höhenrücken des Galgenbergs, der eine Höhe von 312 Metern erreicht, lädt zu einem Spaziergang ein, der bis zum Jägerhaus und zur Waldheide führt und schnell vergessen lässt, was für schaurige Spektakel sich an diesem Ort abspielten. Exekutionen fanden auch andernorts in der Stadt statt, am Sülmertor etwa, wo der Scharfrichter seinem Amt mit dem Schwert nachging und, so heißt es, 1575 beispielsweise einen korrupten Steuerherrn von der Schwere des irdischen Daseins befreite. Heilbronner Henker waren gefragte Leute; es ist überliefert, dass man sie auch in Schwäbisch Hall zurate zog.

Glück und Glas, wie leicht bricht das – selten findet sich für die Weisheit des Volksmunds eine so schöne Entsprechung wie im Heilbronner Osten, wo an der Jägerhausstraße ein kleiner Weiher, der Trappensee, beschauliches Glück verheißt und dazu einlädt, gemächlichen Schrittes sein zartrosafarbenes Schlösschen zu umrunden. Seit 1985 beherbergt dieses charmante, heute der Stadt gehörende Kleinod das auf Glaskunst spezialisierte Auktionshaus Dr. Fischer.

EIN KLEINES SCHLOSS FÜR BÜRGERMEISTER

Viel hat sich in den letzten Jahrzehnten in Heilbronns Osten verändert. War die breite Jägerhausstraße einst durch das Städtische Krankenhaus und einen Pflanzengroßmarkt geprägt, so reihen sich heute Wohnanlagen aneinander, deren Bewohner nicht mehr nur auf den Pfühlpark, sondern auch auf die Wagen der Stadtbahn Heilbronn blicken. Ruhepol inmitten des Wandels ist ein eleganter, barocker Bau, der so zierlich wirkt, dass er fast ausschließlich in der Verkleinerungsform, als *Trappenseeschlösschen*, firmiert. Seine Geschichte, die bis ins frühe 16. Jahrhundert zurückreicht, hat mit der Initiative zweier Bürgermeister der Stadt zu tun: mit Philipp Orth, der sich 1575/76 inmitten des Sees ein Herrenhaus baute und Fischzucht betrieb, und mit einem seiner Nachfolger, Ludwig Trapp, dem Schloss und See ihren Namen verdanken. 1784 gab Admiral Heinrich von Kinkel dem Anwesen seine heutige Form.

Tipp: In den Pfühlpark, ins Köpfertal oder hinauf aufs Jägerhaus – **VIELE ROUTEN** lassen sich vom Trappensee aus einschlagen … wenn man sich denn von diesem Ort überhaupt einmal trennen mag.

Kulturgeschichtlich interessierte Betrachter ziehen ein Reclam-Bändchen mit Barockgedichten aus der Jacke, machen es sich auf einer der weißen Bänke am Ufer bequem und lassen das Ensemble auf sich wirken. An einem sonnigen Frühsommertag spiegeln sich dessen drei Geschosse im Wasser; im Hintergrund klappern Pferdehufe vom nahen Reitstall, und mancher erinnert sich vielleicht an die ersten Minigolfschläge, die er einst auf dem steinernen Parcours des Trappenseeareals tat. Und wenn einem in der Sonne warm genug geworden ist, wird man schnell einig mit sich und kehrt in die gediegene Trappensee-Gaststätte ein, um sich bei Bauernschorle und sauren Nierle zu stärken.

AUF SCHMALER BRÜCKE INS SCHLOSS HINEIN – WER MÖCHTE DA NICHT WOHNEN?

Wo Comedians die Fernsehprogramme überschwemmen, tut es not, sich an die Urväter der Szene zu erinnern, an Hermann Hoffmann zum Beispiel, an einen Unterhalter, der jahrelang für den Norddeutschen und Westdeutschen Rundfunk wirkte und aus dem, was Politiker oder Schlagersänger zum Besten gaben, besten komödiantischen Stoff formte. Seine Sendungen – die *Dachkammer-Musik* (mit 677 Folgen) oder die *WDR-Shitparade* – besaßen, wie man heute sagen würde, Kultstatus. Ein Freundeskreis kümmert sich heute um das Werk des 1997 verstorbenen Musikers, Moderators und Tonbandvirtuosen, nachzulesen auf der Website: www.sender-zitrone.de.

DER ENTERTAINER AUS DER DACHKAMMER

Das Ehepaar Paul und Lydia Hoffmann stammte aus dem ostfriesischen Leer. Ein Karrieresprung des Hausvorstands brachte eine gehörige regionale Veränderung mit sich: Man zog nach Heilbronn, wo Paul als Kaufmann bei der Deutschen Bank arbeitete. Am 22. Februar 1928 wurde Sohn Hermann geboren, der nicht lange Heilbronner Inspiration erfuhr. Der Vater wechselte als Prokurist zur »Südmilch«; die Familie lebte fortan in Stuttgart, und 1939 war die Zeit des schwäbischen Exils vorbei: Man kehrte nach Leer zurück.

Aus musikalischem Haus stammend, probierte Hoffmann nach dem Krieg vieles aus. Er trat mit dem Trio »Die 3 Hoffmannstropfen« auf, wäre beinahe von Peter Frankenfeld fürs Fernsehen entdeckt worden und kam, nachdem ihn der NDR erst einmal verschmähte, auf die glanzvolle Idee, vom Dachgeschoss einer Celler Bar seinen »Sender Zitrone« illegal senden zu lassen. Die Polizei kam dem Piraten jedoch in die Quere, und in einem bundesweit für Schlagzeilen sorgenden Prozess wurde der Sünder mit einer Geldstrafe von 300 Mark belegt. Als Hoffmann ab 1962 dann offiziell auf dem WDR-Kanal senden durfte, baute er hoch originelle Radiostücke, die Politikerzitate aus dem Zusammenhang rissen und – ohne Computerhilfe – neu montierten oder aktuelles deutsches Liedgut bravourös parodierten. *Kannst du noch gerade gehen, Lucille* oder *Die kleine Heike* hießen diese umgetexteten Schlager dann plötzlich. Produziert wurden diese und andere Sendungen im niedersächsischen Burgdorf, wohin Hoffmann 1967 mit seiner dritten Frau Renate gezogen war.

> **»WENN JEMALS EIN MENSCH SENDUNGSBEWUSSTSEIN GEHABT HAT, DANN HERMANN HOFFMANN. WAS HOFFMANN SCHRIEB, WAR COMEDY VOM FEINSTEN.« (KARL DALL)**

Spuren, die an seine Heilbronner und Stuttgarter Zeit erinnern, mag man in seinen Dachkammer-Stücken aufspüren, wo Hoffmann seine Gabe, Dialekte nachzumachen, auslebte und mit Pankratius Schräuble eine Figur erfand, die wie der junge Willy Reichert klang.

LICHTLUFTBAD IM KÖPFERTAL /// STAEHLENSTRASSE 44 /// 74081 HEILBRONN ///
07131 / 25 27 54 /// WWW.LICHTLUFTBAD.COM ///

Ein Licht-Luft-Bad? Nicht-Heilbronner runzeln verwundert die Stirn, wenn man ihnen von den Glücksgefühlen erzählt, die ein wasserloses Badevergnügen – eines in Licht und Luft eben – bereiten kann. Heilbronner wiederum verstehen nicht, dass Nicht-Heilbronner den Sinn einer Einrichtung nicht verstehen, die, so die Journalistin Iris Baars-Werner, längst zu einer »Institution« geworden ist, für die Heilbronner.

MITTAGS HINAUS INS KÖPFERTAL

Bis ins Jahr 1900 reicht die Geschichte des heute von der Schröter Veranstaltungsgastronomie betriebenen Licht-Luft-Bades zurück. Damals begründete sich in Heilbronn ein Verein für Gesundheitspflege, der schon wenige Jahre später die erste Oase für Sonnenhungrige eröffnete. 1937 fand das Bad seinen heutigen Standort im Köpfertal, wo es rasch zu einem nicht sehr geheimen »Geheimtipp« wurde. Obwohl es auch mit dem Auto erreichbar ist, gehört es sich, die wenigen hundert Meter zum Licht-Luft-Bad vom Trappensee aus zu Fuß zurückzulegen. Unkundige klagen über die mäßige Ausschilderung, doch selbst die werden den Weg über einen massiven Holzsteg zum Ort des Glücks finden.

Tipp: An alles ist gedacht, auch an den Verkauf von **MÜCKENSPRAY,** das vor den reichlich auftretenden Plagegeistern schützen soll.

Wo, möchte man ausrufen, ließen sich im Frühling oder Sommer schönere Mittagspausen verbringen als in diesem reizenden, irgendwie handgestrickt wirkenden Biergarten? Ein wackliger Holzzaun trennt Sonnenschirme und Bierbänke von einer Liege- und Spielwiese, die jeder gegen einen bescheidenen Obolus nutzen kann – Vereinsmitglieder zahlen nichts. Schickimicki-Gäste wird man im »LiLu« kaum finden, stattdessen ein angenehm durchmischtes Publikum, das sich gegenseitig respektiert und sich glücklich schätzt, beispielsweise die Mittagszeit in diesem grünen Reich zu verbringen. Da sitzen Männer in gediegenen Anzügen, die erleichtert sind, für eine Stunde ihrem Bank- oder Versicherungsbüro entkommen zu sein, und sich klassische schwäbische Gerichte wie Rostbraten oder Maultaschen schmecken lassen. Daneben macht es sich ein Rentnerehepaar bequem, das beschlossen hat, schweigend in die Sonne zu blinzeln und den heimischen Herd zu schonen. Zwei Tische weiter trifft sich eine Gruppe höchst lebhafter Frauen, die ihre Männer vermutlich im Baumarkt wissen und samt und sonders das großformatige Licht-Luft-Bad-Schnitzel bestellen, mit Pommes frites, versteht sich.

WEIHNACHTSFEIER IM KÖPFERTAL? EINE WINTERLICHE FACKELWANDERUNG MACHT ES MÖGLICH, MIT ANSCHLIESSENDER EINKEHR NATÜRLICH.

EHRENFRIEDHOF IM KÖPFER /// ARNDTSTRASSE /// 74074 HEILBRONN /// WWW.HEILBRONN.DE/BUE_RAT/VIRTUELL/FRIEDHOFSANGELEGENHEITEN/FRIED-HOEFE/EHRENFRIEDHOF/ ///

Keiner der Heilbronner Friedhöfe wäre groß genug gewesen, um die über 6.500 Toten aufzunehmen, die beim Luftangriff auf Heilbronn am 4. Dezember 1944 umkamen. So entschloss man sich kurzerhand, eine Grünfläche am Hang des Köpfertals in eine Grabanlage, den Ehrenfriedhof, umzuwandeln. Gestaltet wurde er nach Plänen des Regierungsbaumeisters Karl Elsässer. An jedem 4. Dezember wird er zum Gedenkort für die Opfer der Bombardierung Alt-Heilbronns.

MIT WÜRDE UND RESPEKT DER TOTEN GEDENKEN

An einem Waldhang, im Gewann »Hinterer Böckinger«, gelegen, lädt das eher an einen Park denn an einen Friedhof gemahnende Areal zum Nachdenken ein. Respektvoller und angemessener lässt sich kaum mit einer grauenvollen Katastrophe umgehen, und wer, mit sich und seinen Gedanken allein, die rund 120 Ar große Fläche abschreitet, wird sich kaum der Tränen erwehren können. Dass es sich um ein aus zehn Feldern bestehendes Massengrab handelt, vergisst man zu keiner Sekunde, und doch lässt einen die Ruhe des Ortes einen vagen Trost erhoffen – ganz so, als ließe sich dem Sterben dieser Menschen im Nachhinein irgendein Sinn zuweisen.

Tipp: Unter der Woche, fast allein durch den Ehrenfriedhof gehen – die angemessenste Art, sich an die Toten vom **DEZEMBER 1944** zu erinnern.

Mächtige Birken und Buchen breiten sich aus und filtern das Sonnenlicht. Man möchte innehalten, das Auge über die nicht zu sorgfältig herausgeputzte Wiese schweifen lassen und hoffen, dass sich hier auch Schulklassen einfinden, um die bedrückende Weite dieses Friedhofs zu erleben. Klugerweise hat man darauf verzichtet, mit monumentalen Skulpturen oder Gedenkschreiben auf das leidvolle Sterben der hier Begrabenen hinzuweisen. Unfasslich ist der Tod, sinnloser der Kriegstod, und die Schlichtheit des Parks zollt dieser Erkenntnis Rechnung. Ein schlankes Metallkreuz ragt aus dem Dickicht in die Höhe; gedrungene steinerne Kreuze verteilen sich, von Gänseblümchen umstanden, über das Grün – mehr als diese dezenten Symbole gibt es auf dem Ehrenfriedhof nicht zu sehen. Lediglich im Eingangsbereich hat man diese Zurückhaltung aufgegeben: 1953 versetzte man an diese Stelle eine Pietà des lange in Stuttgart lehrenden Baumeisters Rudolf Poetzelberger, die ursprünglich das Grab der Familie Hagenbucher auf dem Hauptfriedhof schmückte. Nach und nach ist die um den gekreuzigten Jesus trauernde Marienfigur von Blattwerk und Büschen eingerahmt worden, und auch das passt gut zu diesem Ort.

TRAPPENSEE, EHRENFRIEDHOF, KÖPFERANLAGE – IM HEILBRONNER OSTEN LASSEN SICH ERFAHRUNGEN MACHEN.

WALDGASTSTÄTTE JÄGERHAUS /// JÄGERHAUS 1 /// 74074 HEILBRONN /// 0 71 31 / 17 60 75 /// WWW.JAEGERHAUS-HEILBRONN.DE /// WWW.THEMENPARK-UMWELT.BADEN-WUERTTEMBERG.DE/SERVLET/IS/10771/?PATH=7160;10552; ///

Obwohl das Jägerhaus keine so exponierte Lage wie sein Pendant, der Wartberg, aufweist, gilt es, wie Oberforstrat Rolf Rau schrieb, seit jeher als »Eingangstor zum Herzen des Stadtwaldes« und dient Wanderern als Ausgangspunkt für ihre Touren. 1678 als Wohnhaus für einen der beiden Heilbronner Stadtjäger errichtet, fungiert es seit 1803 nur noch als Gaststätte, die gerade im frühen 19. Jahrhundert ein Magnet für Tanz- und Vergnügungslustige war.

EINKEHR FÜR WANDERER UND SONNTAGS-AUSFLÜGLER

Zu den trinkfreudigen Gästen zählte damals auch der Dichter Ludwig Uhland, der oft die Gelegenheit beim Schopf ergriff und seinen Freund Karl Mayer besuchte. Dieser hatte sich 1808 in Heilbronn als Advokat niedergelassen und nutzte die Jägerhaus-Unternehmungen dazu, auf den Wänden der nahen Steinbrüche »kolossale Karikaturen mit Kohle« zu hinterlassen. Das Gebäude selbst wurde mehrfach umgebaut; 1954 erhielt es ein dem sogenannten Heimatschutzstil verpflichtetes Walmdach und zahlreiche Ornamente, die Motive aus der Pflanzen- und Jagdwelt aufgreifen. Wahrzeichen des Areals war lange Zeit eine legendäre Stieleiche, die nach neuesten Berechnungen Mitte des 17. Jahrhunderts gepflanzt wurde. 1999 kam man aus Sicherheitsgründen nicht umhin, dieses Naturdenkmal zu fällen. Seine Stammscheibe wurde zwischenzeitlich sorgfältig aufbereitet und ist, versehen mit Daten der Welt- und Stadtgeschichte, unter einem Schutzdach dort zu bestaunen, wo der Böckingerebenenweg auf die Donnbronner Straße stößt.

> **Tipp**: Ein lohnender Ausflug: zum **SCHILFSANDSTEINBRUCH** am Galgenberg, der seit 1968 wieder der Natur überlassen ist.

Die Jägerhaus-Gaststätte mit ihrem Anbau und dem großen Biergarten bietet einkehrwilligen Ausflüglern, was das Herz begehrt. Wer seine Eltern wieder einmal in eine der »guten Stuben« der Stadt ausführen möchte, geht nicht fehl, sie in diese einst für ihre Schnepfenjagd berühmte Ecke der Stadt zu kutschieren. Grillhaxen gibt es dort alle Tage, und wer beim Salat auf die üblichen Putenbruststreifen verzichten möchte, bestellt unerschrocken eine Spezialität des Hauses: Käsespätzleecken-Salat. So gestärkt, kann der Besucher den Stadtwald erobern und vorher noch einen Blick auf den an der Straße gegenüber liegenden Renner-Brunnen werfen. 1910 errichtet und nach einem Feuerwehrkommandanten benannt, verströmt er freilich seit langem kein Wasser mehr durch seine Rohre.

> **DAS JÄGERHAUS ALS »PRATER DER HEILBRONNER« – SO SAH ES ZUMINDEST DER HOHENLOHER SCHRIFTSTELLER KARL JULIUS WEBER.**

KÖPFERBRUNNEN /// IM NATURSCHUTZGEBIET KÖPFERTAL /// WWW.THEMENPARK-UMWELT.BADEN-WUERTTEMBERG.DE/SERVLET/IS/10554/?SLIDEID=7& ///

Einen idyllischeren Weg gibt es in Heilbronn nicht: Vom Trappensee aus ist man eine halbe Stunde im »dunklen Waldtal Köpfer« (Ludwig Uhland) unterwegs, bis man seinen Brunnen, eine Einsiedlerklause und einen Musikpavillon erreicht hat. Der Waldweg führt am Köpferbach entlang, vorbei am Licht-Luft-Bad und an einem Stausee, der 1935 vom Reichsarbeitsdienst angelegt wurde. Eschen, Eichen, Weißbuchen und Erlen spenden Schatten und machen den Köpfer selbst an heißen Tagen zu einem luftigen Ort.

GLÜCKLICH IST, WER DEN KÖPFER KENNT

Naturfreunde begannen früh damit, die Köpferquelle zu fassen, doch erst die – über 20 Jahre währenden – Anstrengungen des Heilbronner Verschönerungsvereins, führten bis 1898 Schritt für Schritt dazu, die Anlage auszugestalten. So entstanden ein Pavillon und eine Kapelle mit Mönchskreuz. In den Brunnen davor wurden lateinische Verse Vergils gehauen: »Glücklich ist, wer die Götter kennt in Wald und Flur«. Ein Eremitenkopf an der Kapellenfrontseite erinnert die Besucher an die Sage, die sich um den Köpfer rankt. Demnach hatte der Heilbronner Gutsherr Veit Imlin nach Palästina zu ziehen. Frau Hildegund und Sohn Hans ließ er zurück, und als von Veit nichts mehr zu hören war, wähnte man ihn tot, und Hildegund heiratete ein zweites Mal, den Heilbronner Reichsvogt. Als Veit Imlin dann doch aus der Kriegsgefangenschaft heimkehrte, zog er sich als Einsiedler ins Köpfertal zurück, wo er Hilfe suchenden Heilbronner kluge Ratschläge erteilte – darunter auch Hildegund, die ihren ersten Mann wiedererkannte. Dem Reichsvogt wollte das nicht gefallen, und er setzte durch, dass der vermeintliche »Aufrührer vom Köpfer« und sein Sohn enthauptet wurden. Ein glückliches Ende nahm der Vogt indes auch nicht: Hildegund zündete ihr Haus an, und als der Vogt die Flammen sah, fiel er vor Schreck vom Pferd.

Tipp: Stausee, Trappensee, Pfühlsee – sie alle werden vom **KÖPFERBACH** mit Wasser versorgt. Und gäbe es den Mönchsee noch, dann der auch.

»DU DUNKLES TAL, FERN ABGELEGEN, / WO KÜHLE BÄCHE NIEDERGEHN, / HIER JUNGE STÄMME SICH BEWEGEN, / DORT ALTE RIESENEICHEN STEHN!« (AUS LUDWIG UHLANDS *Der Köpfer*)

Da 1814 überdies ein Raubmörder namens Doderer im Köpfer ins Jenseits befördert wurde, kam die Ansicht auf, das Waldtal sei durch die Hinrichtungen zu seinem Namen gekommen – eine blutrünstige Legende wohl, denn »vielmehr dürften die Bergköpfe, zwischen denen die Quelle entspringt, für die sehr alte Bezeichnung Pate gestanden habe« (Rolf Rau). Die in Wanderführern gelegentlich erwähnte Keppler-Eiche, die nahe der Brunnenanlage stand, gibt es nicht mehr. 2006 musste der über 300 Jahre alte Baum gefällt werden.

WALDHEIDE /// WALDHEIDESTRASSE /// 74074 HEILBRONN /// WWW.STADTARCHIV-HEILBRONN.DE/STADTGESCHICHTE/UNTERRICHT/BAUSTEINE/WALDHEIDE/ ///

Wer heute durch die gut fünfzig Hektar der Waldheide spaziert, seine Joggerrunden absolviert oder eine rote Wurst grillt, bewegt sich auf historisch brisantem Gelände. Nichts hat die Heilbronner in der jüngeren Geschichte so erregt wie die Ereignisse der frühen 1980er-Jahre, als Menschen, die noch nie in ihrem Leben auf die Straße gegangen waren, wütend an Protestmärschen zur Waldheide teilnahmen.

EIN SCHAFSTALL, WO EINST SPRENGKÖPFE LAGERTEN

Seit Ende des 19. Jahrhunderts diente die Waldheide als Exerzierplatz; in den 1920er-Jahren pilgerten die Heilbronner zu Flugschauen hierher. Nach 1945 wurde sie von den Amerikanern als Militärstützpunkt genutzt. Im Gefolge des Nato-Doppelbeschlusses von 1983 wurden auf der Waldheide, also in unmittelbarer Nähe zum Stadtzentrum, Pershing-II-Atomraketen deponiert – ohne die Bevölkerung oder die Stadtoberen, die sich zudem in der »Rolle der Ahnungslosigkeit« (Gerd Kempf) gefielen, darüber zu informieren. Als sich im Januar 1985 ein schwerer Unfall auf dem Gelände ereignete, der drei US-Soldaten das Leben kostete, rückte Heilbronn endgültig ins Zentrum der Friedensbewegung. Zweimal, 1983 und 1985, trafen sich am Fuße der Waldheide prominente Künstler und Intellektuelle, darunter Günter Grass, Peter Härtling, Luise Rinser und Robert Jungk, zu »Heilbronner Begegnungen«, um gegen die Raketenlagerung zu protestieren. »Unheimlicheres«, so der Architekturhistoriker Julius Posener damals, gebe es in ganz Deutschland nicht zu sehen: »große grüne Mauern, davor fünf Zäune, elektrisch geladen, mit Stacheldrahtschlingen oben drauf«.

Tipp: Frösche, Heidegrashüpfer, Kreuzottern – sie haben inzwischen vom alten **EXERZIERPLATZ** Besitz ergriffen.

Erst im Herbst 1988 begann man mit der Auflösung des Stützpunkts; 1990 zogen die Amerikaner ab. Alsbald machte sich das Grünflächenamt der Stadt daran, eine aufwändige Renaturierung des Geländes voranzutreiben. Man entsiegelte große Flächen, legte Tümpel an, ließ der Flora, etwa dem Heidekraut, freien Lauf und riss Bunker und Kommandostellen ab. Nur ein Hangar blieb erhalten und erfährt heute als Schafstall eine ausgesprochen zivile Nutzung. 1996 wurde der neugestaltete Landschaftspark bei einem Waldheidefest der Bevölkerung gleichsam zurückgegeben. Ein Gedenkstein für die getöteten Soldaten, ein Wachturm als mahnender Solitär und eine Mauerinstallation erinnern an die aufwühlende Geschichte des Ortes, an die letzte Phase des Kalten Krieges. Inzwischen hat der Heilbronner Stadtwald seinen Frieden wiedergefunden.

EIN BEÄNGSTIGENDER RAKETENSTANDORT, DER ZUM SYMBOL DES FRIEDENS WURDE.

CÄCILIENBRUNNEN /// CÄCILIENBRUNNENSTRASSE /// 74074 HEILBRONN ///

Ruhig ist es hier, vor allem unter der Woche, wenn allenfalls ein Traktor in der nur für Anlieger zugelassenen Cäcilienbrunnenstraße auf sich aufmerksam macht. An deren Ende steht, an Gemüsefelder grenzend, Heilbronns ältestes Brunnenhaus, das 1589 von Steinmetzmeister Hans Stefan errichtet wurde. Ursprünglich »Sülchenbrunnen« bzw. »Silchenbrunnen« genannt, speiste seine Quelle über hölzerne Rohre sechs Brunnen und dreißig private Zisternen der Stadt.

FRISCHES WASSER FÜR DIE STADT

Über drei Jahrhunderte belieferte der Brunnen die Heilbronner mit Trinkwasser. Nicht minder wichtig war es, dass man auf den angrenzenden Wiesen große Feste feierte. Auf dem traditionsreichen »Heilbronner Herbst«, der erst nach dem Zweiten Weltkrieg auf die Theresienwiese verlegt wurde, wurden Tanzbeine geschwungen, Lampions getragen, Feuerwerke abgebrannt, Küsse verteilt und nicht zuletzt viele Schoppen getrunken.

Tipp: Unter www.bawue.pfadfinden.de/1160.0.html lässt sich das **PAPIERMODELL** »Der Heilbronner Cäcilienbrunnen« bestellen.

Nach einer Renovierung 1992 hat das zweigeschossige Brunnenhaus seinen schlichten Charme zurückbekommen. Sandstein prägt sein Gesicht, und die von Südwesten zugänglichen Arkaden bergen die Brunnenstube mit ihrem Kreuzrippengewölbe. Umgeben ist das Haus von einem kleinen Park mit Walnuss- und Apfelbäumen. Beeinträchtigt wurde das Kleinod jedoch immer wieder durch Vandalismus. Die Wände der inzwischen mit einem Gitter versehenen Brunnenstube wurden beschmiert, und diejenigen, die das Haus für wasserarme Trinkgelage missbrauchten, zeigten keine Scheu, ihre Abfälle ausgerechnet hier zu hinterlassen. Korken, Metallstücke, Kohlrabischeiben und Apfelbutzen gilt es bis heute regelmäßig zu beseitigen.

HONORATIOREN DER STADT ERHIELTEN SCHON ENDE DES 16. JAHRHUNDERTS FRISCHES TRINKWASSER FREI HAUS – VOM CÄCILIENBRUNNEN.

Um die Pflege der Anlage kümmert sich der Pfadfinderstamm Grenzland, dessen Mitglieder den Cäcilienbrunnen seit über fünfzig Jahren als Stammeshaus nutzen und dort Heimabende und Weihnachtsfeiern veranstalten. Damit die Instandhaltung finanziell zu leisten ist, hat man vor einiger Zeit einen liebevoll gestalteten Bastelbogen herausgebracht, der es handwerklich nicht völlig Unbegabten mühelos erlaubt, im Maßstab 1:50 ein Papiermodell des Cäcilienbrunnenhauses anzufertigen. Exil-Heilbronner, die ihr Leben in Hamburg, Chicago oder Bottrop verbringen müssen, haben somit für preiswerte 5 Euro die Möglichkeit, sich ein kleines Stück Heimat nachzubauen.

GAFFENBERG /// ÖSTLICHER STADTWALD HEILBRONNS /// 74074 HEILBRONN ///
HEILBRONNER KULTURTAGE E.V. /// RICHARD-WAGNER-STRASSE 37 ///
74074 HEILBRONN /// 0 71 31 / 57 91 00 /// WWW.GAFFENBERGFESTIVAL.DE ///

Meine Mutter behauptet, dass ich gern auf den Gaffenberg gegangen sei, während mein Bruder es gewesen sei, der nicht gern auf den Gaffenberg gegangen sei. Ich behaupte, dass sich meine Mutter irrt, weil ich mir sicher bin, nie gern Zeit auf dem Gaffenberg verbracht und dort einmal verschämt in die Lederhose gemacht zu haben. Einig sind meine Mutter und ich uns darin, dass meine Schwester gern auf dem Gaffenberg war und sich dort sogar als Betreuerin betätigte.

STAUDÄMME BAUEN, MITTAGSRUHE HALTEN

Im östlichen Stadtwald erstreckt sich der Gaffenberg – ein Name, der Heilbronner Kindern bestens vertraut ist. Ein Teil der Schulferien auf einer Gaffenberg-Kinderfreizeit zu verbringen, das gehörte zum festen Sommerprogramm. Unter Leitung von Pfarrer Theodor Zimmermann organisierte man 1927 zum ersten Mal eine Kinderfreizeit, die den naturfernen Kindern aus der Wollhaus- oder Südstraße die Möglichkeit der Stadtranderholung bieten sollte. Angeleitet von »Tanten« und »Onkeln«, verbrachten die Scharen den Tag am Köpferbach, versuchten seinen Fluss mit raffinierten Staudämmen zu unterbinden und hatten nach dem Essen wohl oder übel Mittagsruhe zu halten.

Tipp: Rund **2.300 KINDER** verbringen den Sommer auf dem Gaffenberg, ungeachtet sozialer, religiöser und ethnischer Unterschiede.

Im Lauf der Jahrzehnte wuchs das Gaffenberg-Gelände kontinuierlich. Gas- und Wasseranschlüsse wurden verlegt, Neubauten errichtet, darunter 1968 drei auffällige Holzhäuschen, die – der Zeitgeist lässt grüßen – auf die schönen Namen Ho, Tschi und Minh hören. Die Bühne erhielt 1973 ein erst orangenes, dann weißes Zeltdach, das bewusst Bilder des Münchner Olympiastadions wachruft.

Seit 1986 kommen jeden Sommer Rock- und Popsänger, Kleinkünstler und Liedermacher zum Gaffenberg-Festival zusammen. Dass die Anlage in die Jahre gekommen ist, ließ sich zuletzt nicht mehr leugnen, und so bildete sich 2011 unter dem Motto »SOS Gaffenberg – Rettet den Gaffenberg für unsere Kinder« ein Aktionsbündnis, um Spenden für die dringend notwendigen Sanierungsarbeiten zu sammeln. Ein Heilbronn ohne Sommerfreizeiten auf dem Gaffenberg wäre schwer vorstellbar. Schließlich geht es nicht um irgendeinen Ort, sondern um den »wunderbarsten Ort der Welt« – so zumindest steht es in Kinderschrift auf einem Zettel am Eingang des Geländes. Vielleicht war ich damals in den Sechzigerjahren noch nicht reif genug, um die Schönheit eines Gaffenberg-Sommers zu erkennen.

HANNES WADER, GIANNA NANNINI, KONSTANTIN WECKER, KILLERPILZE, HUBERT VON GOISERN – SIE ALLE GEHÖREN IN DIE GALERIE DER STADTWALDINTERPRETEN.

SCHWEINSBERGTURM /// AN DER L1111 VON HEILBRONN AUS AUF HALBER STRECKE NACH DONNBRONN LINKS. ///

Sonntags mit den Eltern auf den Reisberg und zur Reisbergbrücke, vor allem an jenem autofreien Sonntag 1974 mit seiner gespenstischen Leere auf den Autobahnspuren. Oder wir machten uns zum Schweinsbergturm auf, 114 Stufen erklimmen, in 20 Meter Höhe einen einzigartigen Blick genießen. Ein Wanderführer aus dem Jahr 1904 weiß exakt zu benennen, was das Auge da sieht bzw. sah: »15 Städte, 109 Ortschaften, 40 Burgen und Schlösser, die blaue Wand der Schwäbischen Alb, den Schwarzwald und die Vogesen«.

DIE UNGLEICHEN ZWILLINGE

Seitdem sind die Eichen größer geworden und schränken das Sichtfeld ein wenig ein. Dennoch kann man mit Argusaugen bei günstigen Witterungsverhältnissen den Katzenbuckel im Odenwald und die Konturen der Schwäbischen Alb erspähen. Zu verdanken ist das dem Verschönerungsverein Heilbronn, der in der zweiten Hälfte des 19. Jahrhunderts viel dazu beitrug, den Heilbronner Stadtwald attraktiver zu machen. Bereits 1874 hatten die rührigen Vereinsmitglieder eine hölzerne Aussichtspyramide auf dem Schweinsberg errichtet – eine instabile Angelegenheit freilich, die bald ein Sicherheitsrisiko darstellte.

Tipp: Sonja – wer mag sie sein, für die ein Verehrer auf der **AUSSICHTSPLATTFORM** des Schweinsbergturms ein Herz in den Sandstein kratzte?

Am 8. Mai 1886 hingegen zog Solidität ein: Nach Plänen Stuttgarter Architekten, deren ästhetische Anschauungen dem Historismus verpflichtet waren, hatte der Sontheimer Werkmeister Eckert den Turm gebaut und dafür aus seinem Heimatort gleich den erforderlichen Schilfsandstein mitgebracht. 12.140 Reichsmark kostete der Turmbau zu Heilbronn, Wanderwege und Steinbänke inklusive. Als Oberbürgermeister Hegelmeier das Schmuckstück einweihte, erklangen militärische Märsche, die ungewollt einen Ausblick in die Zukunft des Schweinsbergareals gaben. Denn in den 1930er-Jahren errichtete man Munitionsdepots und Schießstände. Letztere wurden später von im Stadtwald stationierten Amerikanern genutzt, was dem Aspelesträßle, das von Donnbronn aus zum Schweinsbergturm führte, Kopf und Kragen kostete: Es wurde umbenannt und trägt, obschon die Militäranlangen längst von Büschen und Sträuchern überwuchert sind, unbeirrt den martialischen Namen Panzerstraße. Wer, auf dieser Route kommend, den Turm partout nicht wahrnimmt, orientiert sich am besten an seinem großen, weniger schönen Bruder, am 1954 errichteten Fernmeldeturm, dessen Sendemast fast 90 Meter in die Höhe ragt.

SCHWEINSBERG-SEHENSWÜRDIGKEITEN: GRABHÜGEL AUS DER BRONZEZEIT, EIN WASSERHOCHBEHÄLTER UND ZWEI GRUNDVERSCHIEDENE TÜRME.

DEM HERRN
1920.

HEILBRONNER STADTTEILE

BIBERBRUNNEN /// UNTERLANDSTRASSE 2 /// 74078 HEILBRONN-BIBERACH ///

Biber sind beliebt, nicht bei Förstern, aber auf jeden Fall in Kinderzimmern, wo die wendigen, possierlich dreinblickenden Nager mit ihrem markanten platten Schwanz, der Kelle, als Plüschtier oder Comicfigur weite Verbreitung finden. Die rund 5.000 Einwohner zählende Gemeinde Biberach, seit 1974 zu Heilbronn gehörig, darf mit ihrem Wappentier, einem aufrechten Biber, auf solche Sympathiewerte bauen – auch wenn der Biberacher Biber fast löwenähnliche Züge aufweist.

BAUMEISTER BIBER WACHT ÜBER SEINEN BRUNNEN

Unübersehbar schmiegt sich er sich – in der Unterlandstraße – mit seiner längsten Seite an das älteste noch existierende Biberacher Fachwerkhaus (ruhend auf einem gemauerten Keller aus dem Jahr 1580): der Biberbrunnen. Im frühen 17. Jahrhundert erstmals als »Röhrbrunnen« erwähnt, weist er heute vier Röhren auf, die ihren Wasserstrahl in einen Brunnenkasten mit blauem Grund abgeben. Auf dem Brunnenstock hält ein steinerner Biber die Wacht. Ein wenig unterernährt sieht die Figur aus, als sei es ihr im Lauf der Jahrhunderte beschwerlich geworden, Tag und Nacht das Wappen des Deutschen Ordens in den Pfoten zu halten.

> **Tipp** Ein Brunnen im **OSTERGLANZ:** seit 2009 wird er an Ostern festlich geschmückt.

Das Deutschordenskreuz des Brunnens erinnert an die Geschichte des Orts: 1681 kam er in Besitz des Deutschen Ordens, wo er bis zur Mediatisierung 1806 verblieb. Danach wurde er Württemberg und dem Oberamt Heilbronn zugeschlagen. Biberach, das sich längst zu einem günstig gelegenen Pendlerwohnort entwickelt hat, schätzt sich heute glücklich, neben dem Biberbrunnen weitere Kulturdenkmäler erhalten zu haben. Das Gasthaus Rössle in der Bonfelder Straße zum Beispiel, das sich die Eheleute Sinn 1853 bauten. Unweit des Biberbrunnens steht das ursprünglich einstöckige Gemeindebackhaus, das auf königlich württembergischen Befehl gebaut werden musste. Mehr und mehr verfiel es und schien vom Abriss bedroht. Durch Intervention des Regierungspräsidiums konnte das verhindert werden, und der Biberacher Gipsermeister Halter sorgte dafür, dass das unansehnliche Gebäude ein klassizistisches Schmuckkästchen blieb. Seine symmetrische Fassade und sein Walmdach lassen das Herz des Passanten höher schlagen, und manchmal halten selbst Einheimische davor inne.

> **BRUNNEN MARKIEREN DAS ORTSZENTRUM, UND DESHALB RIEF MAN 1848 AM BIBERBRUNNEN SOGAR DIE REVOLUTION AUS!**

DEUTSCHORDENSSCHLOSS KIRCHHAUSEN /// DEUTSCHRITTERSTRASSE ///
74078 HEILBRONN-KIRCHHAUSEN /// 0 70 66 / 70 44 ///

Wie aus einem Guss wirkt das mitten in Kirchhausen gelegene, zweigeschossige Deutschordensschloss und zählt zu den wesentlichen Renaissancezeugnissen in der Region. Binnen weniger Jahre, von 1572 bis 1576, wurde es auf Initiative des Hochmeisters Heinrich von Bobenhausen (dem auch das heutige Antlitz von Schloss Stocksberg zu verdanken ist) erbaut – durch den Weinsberger Steinmetz Thomas Knoll, dessen Zeichen sich im Schlussstein des Torbogens befindet.

VIER TÜRME UND EIN WASSERGRABEN

Von außen betrachtet machen die vier schiefergedeckten Rundtürme mit ihren Zipfelmützendächern den Eindruck, als handele es sich um einen quadratischen Bau. Einer der Türme, der früher als Gefängnis diente, ist zum Museumsturm umgebaut, um in Dauer- und Wechselausstellungen die Geschichte Kirchhausens zu veranschaulichen. Der Wassergraben, der es früher umgab, ist seit Langem trockengelegt. Im Innenbereich zeigt sich das Schlossgebäude als Anlage mit zwei rechtwinklig zueinander stehenden Flügeln. Auf der Nordostseite gelangte man über eine Zugbrücke ins Schloss; heute genügt eine steinerne Brücke.

Tipp

»GERSTE-HEBER« nennt man die Kirchhausener neckend, weil die Bauern das Wachstum der Gerste dadurch zu befördern trachteten, dass sie an den Halmen zogen. Na ja …

Das Wasserschloss, das in seiner Geschichte auch als Schulhaus fungierte, beherbergt heute das Bürgeramt Kirchhausens und bietet sogar die Möglichkeit, sich an Samstagen trauen zu lassen. Nadja und Kevin, die ich nicht kenne, haben es beispielsweise getan, nachzulesen auf www.nadjaundkevin.de. Gefeiert wird ohnehin gern in Kirchhausen. Der Karnevals-Club lädt zu Prunksitzungen ein und jubelt seinem Prinzenpaar zu, beispielsweise Prinz Dominik I. von Farb und Glanz und Prinzessin Nadine II. von der Annalinde. Ob man in Kirchhausen auch den Heilbronner Fastnachstruf »Trolli, Trolli« verwendet?

EIN STEIN UNMITTELBAR VOR DEM DEUTSCHORDENSSCHLOSS ZEIGT ZWEI VERSIONEN DES KIRCHHAUSENER WAPPENS, VON 1748 UND 1908.

Alle zwei Jahre begeht man das Schlossfest, das mit einem Ritterschlag eröffnet wird. Umstritten ist, ob sich dabei zu vorgerückter Stunde Schlossgeister unter die geselligen Kirchhausener mischen. Immerhin erzählt man sich im Dorf die auch andernorts gern erzählte, auf Washington Irving zurückgehende Geschichte von der *Schläfrigen Schlucht*, derzufolge ein Geisterreiter ohne Kopf zwischen Annalinde und Hipfelhof nächtens sein Unwesen treibe. Glaubwürdige Augenzeugenberichte gibt es nicht. Das Bürgeramt im Schloss nimmt Hinweise jederzeit entgegen.

DREIFALTIGKEITSKAPELLE KIRCHHAUSEN /// WENDELINSTRASSE ///
74078 HEILBRONN-KIRCHHAUSEN ///

»Kirchhausen liegt zwischen anmutigen Garten und Baumanlagen; dahinter ist eine schöne Aussicht nach den Gebirgen des Neckars; man kommt durch ein artiges Wäldchen und durch eine Pappelallee bis Frankenbach« – kein Geringerer als der reisende Dichterfürst Johann Wolfgang Goethe war es, der im August 1797 den Reiz Kirchhausens einfing. Dessen erste nachweisbare urkundliche Erwähnung datiert aus dem Jahr 926, als der Ort in Quellen des elsässischen Klosters Weißenburg aufscheint.

BLUTWUNDER UND KAPELLENREITER

Kirchhausen ist bis heute mehrheitlich katholisch; zahlreiche barocke Madonnen und Wegstöcke geben Zeugnis von einer weitverbreiteten Volksfrömmigkeit. Südöstlich vom Dorfkern liegt die 1718 erbaute Wallfahrtskirche. In der *Beschreibung des Oberamts Heilbronn* aus dem Jahr 1865 heißt es zur Geschichte der Kapelle:

»Die Capelle zur heil. Dreifaltigkeit oberhalb der Mühle wurde von Joan Debatia, Beisitzer in Kirchhausen, gestiftet und am Dreikönigsfeste bis 1838 in Procession besucht.«

Tipp: Die Erinnerungen an das Gestern lebendig halten – ein Ziel des **INTERESSENKREISES HEIMATGESCHICHTE** Kirchhausen.

Die Rundbogentüre des eingeschossigen Baus wird von zwei Bildstöcken und sommers vom Blätterdickicht zweier Kastanien eingerahmt. Einer der Bildstöcke zeigt die Heilige Maria, der andere, aus dem 18. Jahrhundert, ein Blutwunder. Verse aus dem Matthäus-Evangelium – »Wachet und betet, damit ihr nicht in Versuchung fallet« – dienen den Gläubigen als Mahnung. Sofern nicht das Lärmen vom gegenüberliegenden Freibad mit seinem 50-Meter-Becken überhand nimmt, ist die sympathisch unscheinbare Kapelle mit ihrem roten Ziegeldach ein guter Ort zur Andacht. Spinnweben ziehen sich über die Fenster; eine Scheibe ist eingeschlagen, und im Hintergrund erstrecken sich Felder, aus denen roter Mohn hervorleuchtet. Nicht immer freilich ist es dort so ruhig: Die außerhalb des Arms elterlicher Aufsicht liegende Kapelle ist ein Jugendtreffpunkt und inzwischen auch Anlaufstelle für eine Gruppe begeisterter »Kapellen-Motorradfahrer«, die unter dem deutlich flotteren Namen »Chapel Riders« firmieren und vor dem Blutstein der Dreifaltigkeitskapelle Motorradgottesdienste abhalten. Und wenn sich einer der »Reiter« eine neue Maschine anschafft, fotografiert er sie gern vor der Eingangstür zur Kapelle. Himmlischer Beistand ist immer erwünscht, gerade für Chapel Riders.

PFLUGSCHAR UND PFLUGMESSER SIND IM WAPPEN KIRCHHAUSENS ZU SEHEN – ZEICHEN DER LANDWIRTSCHAFT, DIE DEN ORT PRÄGTEN.

ANNALINDE KIRCHHAUSEN /// VON DER SCHLOSSSTRASSE VON KIRCHHAUSEN IN RICHTUNG KONRADSBERG ZWEIGT NACH LINKS DIE STRASSE MÜHLBERG AB. DIESEM FELDWEG IMMER WEITER NACH SÜDEN FOLGEN. ///

Lindenbäume spielen in unseren Breiten eine wichtige Rolle. Während in vielen Dörfern unter ihren Kronen Gericht gehalten wurde, markierten sie andernorts die Dorfmitte und gaben alteingesessenen Gasthäusern ihren Namen. Auch Kirchhausen hat seine Linde und ist stolz auf den wohl 400 Jahre alten Baum, obgleich er seinen Platz nicht im Zentrum des Ortes hat.

EIN STAMMUMFANG VON SIEBEN METERN

Auf einer Anhöhe zwischen Kirchhausen, Frankenbach und Leingarten steht der mächtige Baum, den zu umschließen es die Spannweite von mindestens drei kräftigen Männern braucht. Radler und Wanderer unterbrechen ihre Ausflüge gern unter dem ausladenden Baum, um ihre Brotzeit einzunehmen und sich, so der frühere Kirchenhausener Pfarrer Rudolf Mayer, von ihrem »wunderbaren Duft« und der »Musik unzähliger Bienen« bezaubern zu lassen.

Tipp

»Am Brunnen vor dem Tore, da steht ein Lindenbaum: Ich träumt' in seinem Schatten so manchen süßen Traum« – Schatten für **TAGTRÄUME** bietet die Annalinde genug, auch ohne Brunnen.

Wie es sich für einen außergewöhnlichen Baum gehört, rankt sich um seine Geschichte eine Legende, eine wahrhaftige Räuberpistole mit tragischem Ende. Demnach soll am Platz der Linde einst eine Kapelle gestanden haben, die der Heiligen Anna, der Mutter Marias, gewidmet war. Großgartacher Bauern hatten alljährlich im Juli, zum Fest der Heiligen, sechs Wachskerzen »von der Dicke und Höhe eines wehrbaren rüstigen Mannes« zu stiften. Dieser Pflicht überdrüssig, entschlossen sie sich, die Kerzen mit Schießpulver zu füllen – und entfachten eine Explosion, bei der viele Gläubige den Tod fanden. Am alten Ort der Kapelle habe man dann, um an die Gräueltat zu erinnern, ein Annakreuz errichtet.

Was daran historische Wahrheit ist, lässt sich nicht zweifelsfrei beantworten. Das überwucherte Kreuz mit seinem Bildstock, der Anna und Maria zeigt, hat seinen Platz neben der Linde behalten. Dass diese zum Verweilen einlädt, schien Ende 2010 fraglich: Aus Sicherheitsgründen musste das Terrain der Annalinde abgesperrt werden, bis im Februar 2011 Baumpfleger mit einer Teleskopbühne anrückten und mit Motorsägen die Krone einkürzten. Deren Umfang von knapp 100 Metern wurde etwa um ein Fünftel verringert – mit dem erfreulichen Ergebnis, dass die Kronenform durch den Entlastungsschnitt nicht beeinträchtigt wurde und man sich seitdem wieder gefahrlos auf den Stämmen unter der Annalinde niederlassen kann.

270 STAHLSEILE HALTEN DAS GEÄST DER ANNALINDE IM INNEREN ZUSAMMEN. EXPERTEN PRÜFEN DIE SICHERHEIT DES NATURDENKMALS MEHRFACH IM JAHR.

PETERSKIRCHE NECKARGARTACH /// KIRCHBERGSTRASSE 4 ///
74078 HEILBRONN-NECKARGARTACH /// 0 71 31 / 2 13 15 ///
WWW.GEMEINDE.NECKARGARTACH.ELK-WUE.DE ///

Noch heute sieht man der 1295 erstmals urkundlich erwähnten Peterskirche ihre ursprüngliche Funktion als Wehrkirche an. Errichtet auf einer kleinen Anhöhe, verfügte das Ensemble von Kirche, Mesnerhaus und Pfarrgarten über Befestigungsanlagen, um feindlichen Angriffen zu trotzen. 1767 wurde das Kirchenschiff stark umgebaut und erhielt seine heutige Gestalt, mit dem markanten fränkischen Fachwerk des aufgestockten Kirchturms.

EIN ALTAR MIT WERKTAGSGESICHT

Passiert man den Durchlass des Mesnerhauses, fällt die Betriebsamkeit des Neckargartacher Alltags rasch von einem ab. Ein Garten mit Obstbäumen, die sich unter der Last der Früchte biegen, der mit Linden bestandene abgeschiedene Innenhof – eine besondere Atmosphäre geht von dem früher unter dem Namen »Peter-und-Paulkirche« geläufigen Barockbauwerk aus. Dass Glocken in dieser Kirche eine wichtige Rolle spielen, zeigt ein Blick in die Geschichte: Im Zweiten Weltkrieg beschlagnahmte man die alten Glocken, die eingeschmolzen wurden und ein unrühmliches Ende als Kanonenkugeln nahmen. Nach Kriegsende fanden sich alsbald Stifter, die neue Eisenhartgussglocken bereitstellten. Diese verrichteten bis 1988 ihren Dienst, bis sie zu springen drohten und durch vier Bronzeglocken ersetzt wurden. Drei der alten, nach dem Ersten Weltkrieg angeschafften Glocken ruhen als Denkmäler auf dem Kirchhofrasen. Ihre Inschriften verraten, dass sie in Apolda gegossen und unter anderen von einem Karl Pfau im fernen Savannah gestiftet wurden. In der Turmuhrstube können Besucher heute die »Neckargartacher Schau-Turmuhr« bestaunen.

Tipp: Das Neckargartacher **GLOCKENLÄUTEN** im Internet: www.youtube.com/watch?v=pGcHBiWr77g

Den Innenraum dominieren ein spätgotischer Flügelaltar und die direkt darüber platzierte, von der Heilbronner Firma Schäfer erbaute Orgel. In der Mitte des Altars waltet der Namensgeber seines Amtes: Apostel Petrus als Papst mit Patriarchenkreuz, Schlüssel und Buch, flankiert von Paulus und Johannes dem Täufer. Das Schmuckstück ist ein Wandelaltar, der in der Karwoche geschlossen wird und sein Werktagsgesicht – mit Szenen aus dem Leben der Apostel Petrus und Paulus – zeigt. Und nicht zuletzt darf sich der Peterskirchen-Pfarrer jeden Sonntag darüber freuen, eine fein gearbeitete hölzerne Renaissance-Kanzel zu erklimmen.

»MEIN HAUS IST EIN BET-HAUS« – DIESES ZITAT AUS DEM LUKAS-EVANGELIUM STEHT ÜBER DEM HAUPTPORTAL.

COTTA'SCHE VILLA /// HIPFELHOF 6 /// 74078 HEILBRONN-FRANKENBACH ///

Kurzerhand schleiche ich mich mit dem Wagen von Frankenbach aus über die Feldwege, um zum Gut des Hipfelhofs zu gelangen. 1229 wird dieser erstmals erwähnt, als Papst Gregor IX. dem Kloster Bebenhausen die Rechte an diesem Besitz bestätigt. Als »Hüppelbure« oder »Hüpfelbeuren« scheint das Gut in alten Urkunden auf. Im Lauf der Jahrhunderte kam es wiederholt zu Streitigkeiten um die Besitzrechte. 1812 schließlich erwarb der Klassikerverleger Johann Friedrich Cotta von Cottendorf vom bayerischen Minister Montgelas den Hof und bewirtschaftete ihn fortan mit seiner Familie.

WER HAT DEN KÄSE VOM HIPFELHOF GEHOLT?

Bis 1959 blieb der Hipfelhof in deren Besitz. Die Mitte des 19. Jahrhunderts erbaute Cotta'sche Villa ist bis heute das Prunkstück des Gebäudekomplexes, zu dem Pfarrhaus, Mühle, Aquädukt, Wohn- und Wirtschaftsgebäude (in denen heute die Südzucker-Gutsverwaltung sitzt) und ein beneidenswert schöner Bauerngarten gehören. Dass sich Cotta nicht nur für Goethe und Schiller, sondern auch für moderne Landwirtschaft einsetzte, belegt ein Schriftenkonvulut, das die heutigen Hipfelhof-Eigner, Familie von Houward, dem Marbacher Literaturarchiv als Depositum übergaben. So verlegte Cotta auch das *Correspondenzblatt des Landwirtschaftsvereins in Baden-Württemberg* und Anleitungen zur Schafzucht. Mit Hipfelhof-Wolle versorgte er seine Ludwigsburger Tuchfabrik.

Tipp: Vom Leingartener Filmemacher Hajo Baumgärtner gibt es eine einstündige **KÄSRITT-DOKUMENTATION**, siehe: www.youtube.com/watch?v=tr4jkZvSf-w

Eng mit dem Hipfelhof ist eine der originellsten Traditionen der Gegend verbunden, der Großgartacher Käsritt. Dieser geht auf einen mittelalterlichen Brauch zurück, der vorsah, dass die Großgartacher, anstatt ihr Vieh auf dem Hipfelhof weiden lassen zu dürfen, jährlich zwei Laib Käse (12 bis 16 Pfund schwer) vom Gutsbesitzer erhielten. Die nahrhaften Produkte wurden von Großgartacher Burschen zu Pferde abgeholt, und wer als Erster auf dem Hof anlangte, durfte sich als Käsrittsieger feiern lassen. 1838 verständigten sich die Gemeinde und Johann Friedrich Cotta, auf die Naturalienübergabe des Pfingstkäses zu verzichten. Stattdessen bekamen die Großgartacher 40 Gulden. Ihren Spitznamen »Käsreiter« behielten sie, und so machte man aus der Not eine Tugend und belebte 1950 die Käsritt-Tradition. Alle drei Jahre findet dieses Heimatfest statt, als opulenter Umzug mit Pferderennen. Ob die Großgartacher Wirtshäuser dazu Raclette und Käsetoast anbieten, würde eine Überprüfung lohnen.

NACH DEM 2. WELTKRIEG SOLLTE DAS HIPFELHOF-ANWESEN ZU EINER PENDLERSIEDLUNG WERDEN, WAS ZÄHE AUSEINANDERSETZUNGEN VERHINDERTEN.

WASSERTURM BÖCKINGEN /// EDUARD-BADER-STRASSE ///
74080 HEILBRONN-BÖCKINGEN ///

Böckingen ist Heilbronns ältester und größter Stadtteil. 1933 wurde die heute rund 21.000 Einwohner umfassende Stadtgemeinde Heilbronn zugeschlagen, doch an der Eigenständigkeit der »Seeräuber«, wie die Böckinger bis heute heißen, hat sich dadurch wenig geändert. Die legendären, Jahrzehnte zurückliegenden Derbys zwischen den Fußballclubs Union Böckingen und VfR Heilbronn zählen folglich zu den Höhepunkten der Heilbronner Sportgeschichte.

EIN WAHRZEICHEN, UNÜBERSEHBAR

1929 errichtete man – nach Entwürfen von Stadtbaurat Karl Tscherning – auf dem Schafberg einen Wasserturm, der als Wahrzeichen Böckingens gilt. Der unter Denkmalschutz stehende 38 Meter aufragende Hochbehälter entstand in der kurzen Phase des expressionistischen Bauens, das sich der Formensprache der Neuen Sachlichkeit widersetzte. Über der Eingangstür prangen ein schwarzer Steinbock, das Böckinger Wappentier, und eine Inschrift, die die Baugeschichte resümiert. Für die städtische Wasserversorgung spielt der Turm keine Rolle mehr, doch er gehört wie kein zweites Bauwerk zum Böckinger Stadtbild. Eingebettet in ein ruhiges Wohngebiet, ist er von Bäumen und einem kleinen Wiesenstück, das sich keine Mühe gibt, als sorgsam getrimmter Rasen zu erscheinen, umgeben. Ein Spielplatz grenzt an das Turmareal, und der SPD-Ortsverein lädt einmal im Jahr zum Wasserturmfest ein, wo bei schönem Wetter frischgebrühte Weißwürste nicht nur auf Sozialdemokraten warten.

Tipp: Liebesschwüre, feuerrote Herzen, Namenskürzel – an **GRAFFITI** fehlt es dem Mauerwerk des Wasserturms nicht.

Wie sehr die Böckinger den Wasserturm in ihr Herz geschlossen haben, mag man daran erkennen, dass Mauerwerk und Portal sich bei (Möchtegern-) Künstlern größter Beliebtheit erfreuen. »Rocco, ich liebe dich«, lautet eine der grellen Botschaften, und da man es offensichtlich aufgegeben hat, die unschönen Kritzeleien zu entfernen, darf sich die Schreiberin auch dann noch an »Rocco« erinnern, wenn sie längst mit einem Tino oder Marco zusammen ist.

> **VERLÄSSLICH STEHT ER DA, ALS HABE ER IMMER DA GESTANDEN – UND DAS, OBWOHL ER ERST 1929 ERBAUT WURDE, DAMALS, ALS BÖCKINGEN NOCH SELBSTSTÄNDIG WAR.**

An den Turm schließt sich das ehemalige Ziegeleigrubengelände an. Mittlerweile ist es zu einer großzügigen Park- und Freizeitanlage umgestaltet worden, überragt vom Wasserturm. Eine bis zu 16 Meter Lösswand grenzt an dessen Terrain. Und wie fruchtbar Lössboden ist, das habe ich seinerzeit im Heimatkundeunterricht gelernt, bei Oberlehrer Wimmer in der Gerhart-Hauptmann-Schule.

»Gesucht wurde eine Türkin zwischen 18 und 22 Jahren. Sie sollte Deutsch und Türkisch sprechen« – so beschreibt Regisseur Fatih Akin in seinem Buch *Im Clinch* die Situation, als es die weibliche Hauptrolle in seinem Film *Gegen die Wand* zu besetzen galt. Sibel Kekilli entsprach diesem Profil und hatte das Glück, beim Streetcasting – genauer: beim Einkaufen in Köln – entdeckt zu werden und sich anschließend gegen 30 verbliebene Kandidatinnen durchzusetzen. Im Frühjahr 2004 erhielt *Gegen die Wand* den Goldenen Bär bei den Internationalen Filmfestspielen in Berlin, und Kekilli wurde als beste Hauptdarstellerin ausgezeichnet.

GROSSES KINO

Vorgezeichnet schien ihr diese Karriere nicht. Kekillis Eltern – der Vater Arbeiter, die Mutter Putzfrau – kamen 1977 aus der Türkei nach Heilbronn, wo Tochter Sibel am 16. Juni 1980 geboren wurde. Sie besuchte die Fritz-Ulrich-Schule in Böckingen und legte dort die Mittlere Reife ab. Von 1997 bis 2000 machte sie eine Ausbildung zur Verwaltungsfachangestellten und arbeitete danach, bis Juli 2002, bei den Heilbronner Entsorgungsbetrieben, wo sie Müllgebührenbescheide bearbeitete. »Zu spießig, zu klein« erschien ihr Heilbronn damals, sodass sie den Entsorgungsbetrieben Lebewohl sagte und nicht nach Hamburg oder Berlin, sondern nach Essen zog, wo sie unterschiedlichsten Jobs nachging – bis eine gute Filmfee, siehe oben, sie beim Shoppen beobachtete …

Die Kehrseite des Erfolgs, den ihr *Gegen die Wand* einbrachte, zeigte sich postwendend. Die ihre Doppelmoral hemmungslos auslebende »Bild«-Zeitung hielt es zwei Tage nach dem Berlinale-Triumph für notwendig, ihre Leser darüber zu informieren, dass Sibel Kekilli während ihrer Zeit als Müllgebührenkontrolleurin Pornofilme gedreht hatte, aus einer »Art Rebellion« heraus, wie sie es nannte. Die öffentlichen Wellen schlugen hoch; ehemalige Lehrer und Vorgesetzte äußerten dies und das; ihre Eltern, die von dieser Hardcorevergangenheit nichts wussten, brachen mit ihr. »Bild« wurde wegen seiner Hetzberichterstattung gerügt.

»ABER DAS IST DAS SPANNENDE IM LEBEN: WENN MAN LOSLÄSST, KOMMT ETWAS.« (SIBEL KEKILLI)

Sibel Kekilli ließ sich davon nicht dauerhaft beeindrucken. Darauf Wert legend, nicht auf die Rolle von Deutschtürkinnen festgelegt zu werden, spielte sie erfolgreich in mehreren nationalen und internationalen Filmen. Seit 2010 tritt sie an der Seite von Axel Milberg als Ermittlerin im Kieler *Tatort* auf. Als ihr Vorbild nennt sie den Boxer Muhammad Ali. Das lässt noch einiges von ihr erwarten.

FRIEDHOFSKAPELLE BÖCKINGEN /// HEIDELBERGER STRASSE ///
74080 HEILBRONN-BÖCKINGEN ///

Friedhöfe, die sich nach und nach in Parklandschaften verwandeln, verbreiten Trost. Langsam, so scheint es, werden die betrauerten Toten Teil der Natur, und Spaziergänger, die die alten Gräbern passieren, haben Zeit, in aller Ruhe das eigene Leben zu überdenken. Ein solcher Friedhof liegt an der Heidelberger Straße in Böckingen. 1905 wurde er, da der Friedhof der Pankratiuskirche unter dem Lärm des neugebauten Rangierbahnhofs litt, neu angelegt. Seine Kapelle bildet bis heute das Zentrum.

WENN EIN FRIEDHOF SEINE BESTIMMUNG VERLIERT …

Die Pläne stammten von dem Böckinger Stadtbaurat Karl Tscherning, der gut zwanzig Jahre später auch für den Wasserturm verantwortlich zeichnete. Tscherning mischte unterschiedlichste Stilelemente, ließ Neoromanik und Klassizismus anklingen und scheute sich – etwa in den Fenstergewänden – nicht, dezent Akzente des Jugendstils zu setzen. In der Friedhofskapelle fanden keineswegs nur Trauerfeiern statt. Der Bevölkerungswachstum Böckingens zwang dazu, dort Gottesdienste abzuhalten und Ehen zu schließen. Der dringend notwendige Bau der Auferstehungskirche auf dem Sonnenberg hatte sich über zwanzig Jahre hingezogen. Erst 1959 fand die Einweihung statt.

> **Tipp**
> Auf den Spuren **KARL TSCHERNINGS** ist in Böckingen manches zu entdecken, etwa das Pfarrhaus der Kilianskirche.

Ende der 1960er Jahre zeichnete sich ab, dass die Fläche des Friedhofs nicht mehr ausreichte. Ein neuer Friedhof, der nicht nur den Stadtteilen Klingenberg und Böckingen vorbehaltene, über acht Hektar umfassende Westfriedhof in der Neipperger Straße, nahm 1979 den Betrieb auf. Seit 2004 existiert dort ein muslimisches Feld, dessen Gräber so ausgerichtet sind, dass die Verstorbenen mit dem Blick nach Mekka gerichtet bestattet werden.

> **1905 VERKEHRTE ERSTMALS EIN OMNIBUS, EIN 16-SITZER AUS BERLIN, ZWISCHEN HEILBRONN UND BÖCKINGEN – WENIGE MONATE LANG …**

An der Heidelberger Straße finden nur noch selten Beerdigungen statt. Einige Gräber sind inzwischen eingeebnet und gliedern sich in die Gartenlandschaft ein. Nichtsdestominder gibt es genügend alte Grabmäler zu studieren, die an bekannte Namen der Böckinger Geschichte erinnern. Einige der Grabsteine tragen, wenn man genau hinsieht, das Signet des Künstlers August Häußer, der – 1885 geboren – aus dem Ersten Weltkrieg nicht heimkehrte. Sein Talent wurde vom Heilbronner Geheimrat Peter Bruckmann, Silberwarenfabrikant und Ehrenbürger (seit 1926), entdeckt. Er schickte Häußer zum Studium auf die Stuttgarter Kunstakademie. 1966 benannte man in Böckingen eine Straße nach ihm.

EVANGELISCHE KIRCHE KLINGENBERG /// KIRCHGÄSSLE ///
74081 HEILBRONN-KLINGENBERG /// 0 71 31 / 3 00 21 ///

Mit der Eingemeindung Klingenbergs im Jahr 1970 überschritt Heilbronn die 100.000-Einwohner-Grenze und darf sich seitdem Großstadt nennen. Den bis heute kleinsten Stadtteil prägen sein im 16. Jahrhundert von den Herren zu Neipperg übernommenes Schloss und die evangelische Kirche im Kirchgässle, deren ältester Teil, die Sakristei, 1508 von Wilhelm von Neipperg und Anna von Schwarzenburg gestiftet wurde.

EINE SPÄTGOTISCHE SAKRISTEI UND EIN GIEBELREITERKIRCHTURM

An einem beschaulichen Ort liegt diese anheimelnd und einladend wirkende Kirche nicht, doch zum Glück ist sie von der vielbefahrenen Theodor-Heuss-Straße durch eine Grünfläche getrennt und mit Schallschutzfenstern ausgestattet. Von zwei schattigen Bänken davor blickt man auf den laut plätschernden, 1992 errichteten Fährbrunnen von Markus Daum. Seine Inschrift ist kaum noch lesbar; die Tätigkeit des unermüdlichen mit einer langen Stange übersetzenden Fährmanns erschließt sich indes auch so.

> **Tipp**
> Heute aus Stein, einst aus Holz: die **KANZEL**, unter der die Familie Neipperg auf dem »Grafenbänkle« Platz nahm.

Im Westen, vom Kirchhof her mit seiner über 200-jährigen Linde, führt eine Freitreppe zur Empore. Über der Fassade erhebt sich das auffälligste Element der Kirche: ein von Fachwerk durchzogener Giebelreiter, der als Kirchturm fungiert, gekrönt von einem Glockenfach. Nach Süden und Norden weist die Kirchturmuhr mit ihren beiden unterschiedlich gestalteten Zifferblättern.

> **»GOTT ALLEIN ZUR EHRE FERTIGTE MICH SAMUEL MEZGER AUS HEILBRONN«, VERKÜNDET DIE 1768 GEGOSSENE KLEINERE DER BEIDEN KIRCHTURMGLOCKEN.**

Auch im Inneren bietet die Saalkirche Sehenswertes, darunter eine einmanualige, unter Denkmalschutz stehende Orgel aus dem Jahr 1835. Entstanden ist sie in der Werkstatt des Bissinger Orgelbauers Johann Viktor Gruol. Von ihrer klangvollen Funktionstüchtigkeit hat sie nicht das Geringste eingebüßt. Als »kleine Sensation« (Karin Metz) feierte man 1956 die Freilegung von Fresken im Kirchenschiff, anlässlich einer Renovierung. Sie zeigen unter anderem die im Alten Testament erzählte Vision des Propheten Jesaja, dem der von zwei Serafim umstellte »König, der Herr der Heerscharen« erscheint. Engel mit gehöriger Lockenpracht umschwirren die göttliche Gestalt, wohingegen Jesaja nur einen mickrigen Baum in seiner Nähe weiß. Das eindrucksvolle Fresko ist auf das Jahr 1747 datiert. Und nicht zuletzt: Im nahegelegenen Gemeindehaus lässt sich das in ehrenamtlicher Arbeit restaurierte historische Uhrwerk der Klingenberger Kirche bewundern.

Palmbräu

Vielleicht war er das größte Talent, das der Heilbronner – Verzeihung: Böckinger – Fußball je hervorgebracht hat. Seinem Drang, gegen Bälle zu treten, ging der aus einer kinderreichen Familie stammende Kübler anfangs gegen den Willen seiner Mutter nach. Eine Nachbarin, der wir zu Dank verpflichtet sind, wusch seine Sportsachen heimlich und bewahrte sie auf. Seine ersten Sporen als Fußballer verdiente der 1947 geborene Kübler beim FV Union Böckingen, und als er 1969 zum Erzrivalen VfR Heilbronn wechselte, erschien das vielen Böckingern als Hochverrat, der dem Täter prompt ein Stadionverbot für den Union-Sportplatz einbrachte.

DAS MANCHMAL LUSTLOSE GENIE

Im schwarzweißen VfR-Trikot avancierte er zum brillanten Mittelfeldlenker, der entscheidenden Anteil an den größten Erfolgen des Vereins hatte. So zum Beispiel am 12. Dezember 1970 beim legendären 2:0-Pokalerfolg gegen den Bundesligisten Kickers Offenbach, in dessen Reihen immerhin Cracks wie Erwin Kremers, Winfried Schäfer oder Horst Gecks spielten. Mitunter freilich, wenn das Spiel nicht wunschgemäß verlief, konnte es passieren, dass Martin Kübler die Lust verlor und seine Bemühungen demonstrativ reduzierte – zum Schrecken seiner Fans, die an Körperhaltung und Mimik sofort erkannten, wenn ihr Genie eine Partie innerlich abzuhaken begann.

Obwohl der VfR Heilbronn 1974 den Einzug in die neugegründete zweigleisige Zweite Bundesliga schaffte, verlor er neben Torjäger Hoffmann auch Kübler – ausgerechnet an den badischen Konkurrenten Karlsruher SC. Dieser schaffte dank Küblers Dirigentenkunst den Aufstieg in die erste Liga, während die Heilbronner Rasensportler von da ihren Weg in die Versenkung antraten. Bereits am dritten Spieltag erzielte Kübler sein erstes Bundesligator, zum 1:1-Ausgleich gegen die Berliner Hertha. Insgesamt brachte es der kraushaarige Kübler für den KSC auf 60 Erstligaeinsätze, bei denen er 12 Tore erzielte. Seine Karriere beendete er beim »Pokalschreck« VfB Eppingen, ehe er zum VfR Heilbronn in unterschiedlichsten Funktionen – mal als Trainer, mal als Kassier – zurückkehrte und seinen Ruf als Galionsfigur des Vereins untermauerte. Seinen Spitznamen »Batze« erklärte er selbst so: »Einer meiner Brüder hieß mit Spitznamen ›Awatz‹. Da ich als kleiner Bub oft mit ihm unterwegs war, nannte man mich »de kloine Awatz«. Als pausbäckiger Junge erhielt ich dann den Namen ›Batze‹.«

1971 HEIRATETE »BATZE« KÜBLER – UND VERBRACHTE DEN HOCHZEITSTAG FERN VON SEINER FRISCH ANGETRAUTEN, BEIM REGIONALLIGA-SPIEL GEGEN WACKER MÜNCHEN …

DACHREITERBRUNNEN HORKHEIM /// SCHLEUSENSTRASSE ///
74081 HEILBRONN-HORKHEIM ///

Als Sina Gütter vom Heilbronner Jugendmagazin *Stimmt!* gefragt wurde, was ihren Stadtteil Horkheim einzigartig mache, nannte sie ganz selbstverständlich den Dachreiterbrunnen, der sich, im Ortskern gelegen, zum Treffpunkt entwickelt hat. Feste mit und ohne Musik werden dort gefeiert, vor dem Fachwerkhaus der Alten Kelter, in dessen Backstube bis heute schwäbische Landbrote ins Rohr geschoben werden.

EIN BEGOSSENER BAUER

1989 wurde der Dachreiterbrunnen installiert, ein Werk des Stuttgarter Bildhauers Karl-Heinz Nuss, der – die Anhänger der guten Deutschen Mark werden sich erinnern – für die Rückseite der 2-Mark-Münze das Kopfrelief des Bundespräsidenten Theodor Heuss entwarf. Seine originelle Brunnenfigur greift eine gern erzählte Dorflegende auf, die den Horkheimern zu ihrem Utznamen »Dachreiter« verhalf. Dereinst nämlich soll sich ein Bauer in argen Finanz- und Steuernöten befunden haben, und da es damals nicht üblich war, vor den Geldeintreibern nach Liechtenstein oder auf die Kaimaninseln zu flüchten, kletterte der gebeutelte Mann kurzerhand aufs Dach und versteckte sich hinterm Schornstein. Genützt hat ihm das wenig, denn die findige Feuerwehr schöpfte Verdacht und richtete ihre Spritzen auf die Dachziegel. Obwohl der geschickte Bauer wie einst Alwin Schockemöhle geschickt auf dem Dachfirst hin und her ritt, blieb ihm nach einer Weile nur die Aufgabe. Völlig durchnässt stieg er ab und beglich, wie wir hoffen wollen, seine Steuerschuld.

Tipp — **NECKAR-ÜBERSCHWEMMUNGEN** gaben Horkheim seinen Namen, vom Altdeutschen »horo« (Sumpf, Schlamm) herrührend.

Karl-Heinz Nuss' Figur trifft den Seelenzustand des Dachflüchtlings sehr schön. Sich verzweifelt gegen die unablässigen Wasserstrahlen wehrend, streckt er seine langen Finger aus, als könnte er das ihm zugefügte Unrecht auf diese Weise verdrängen. Sein zwischen Ängstlichkeit und Trotz schwankender Gesichtsausdruck weckt Mitleid, und wenn sich heute die Horkheimer um ihren Brunnen scharen, denkt mancher vielleicht an die Lücken in der eigenen Steuererklärung und prostet dem Landwirt voller Verständnis zu. Zu vorgerückter Stunde stimmt einer Willy Millowitschs Evergreen *Wir sind alle kleine Sünderlein* an, und prompt fühlen sich die zahlungsunwilligen Dachreiter von heute dem zahlungsunfähigen Dachreiter von einst aufs Tröstlichste verbunden.

WER REITET SO NASS DURCH WASSER UND WIND? DER HORKHEIMER DACHREITER.

ST.-MARTINUS-KIRCHE /// AUF DEM BAU 1 /// 74081 HEILBRONN-SONTHEIM ///
0 71 31 / 39 05 30 /// WWW.MARTINUS-HN.DE ///

Es ist riskant, sich allein seinem Navigationsgerät anzuvertrauen und die Martinuskirche auf diese Weise anzusteuern. Denn kaum hat man die Kolpingstraße verlassen, tun sich Gässchen auf, die nicht nur für die Durchfahrt von schweren Limousinen kaum geeignet sind. Keine Frage, wo die katholische Martinuskirche steht, befand sich die historische Ortsmitte Sontheims, des mittlerweile drittgrößten Heilbronner Stadtteils, und das Ensemble mit Kelter, Zehntscheune und Kirche hat seinen verwinkelten Charme nicht verloren.

KIRCHE & KELTER

Die Ursprünge der Kirche gehen wohl auf die fränkische Besiedelung zur Zeit der Merowinger zurück. Ihr ältester Teil ist der gotische Chor, der die verschiedenen Umbauten – etwa zu Anfang des 18. Jahrhunderts, als ein Blitzeinschlag großen Schaden anrichtete – überdauerte. 1904/05 wurde dem Neu-Ulmer Kirchenbauer Ulrich Pohlhammer der Auftrag erteilt, das Gebäude grundlegend zu erneuern. Er ließ das Langhaus im Stil der Neoromantik umbauen, wohingegen er den Chor und den barocken Turm mit seiner bauchig-gemütlichen Haube nicht antastete. Einen Belfriedstein mit der Jahreszahl 1539 und mehreren Wappen integrierte man nachträglich in den Treppenaufgang.

> **Tipp:** Zwirnerei **ACKERMANN**, Sontheim, einst ein Markenzeichen – die Firmenverwaltung saß im Deutschordenslandhaus.

Zum Areal gehört, nördlich der Kirche, der Sontheimer Deutschordenshof, in dessen 1563 errichteter Zehntscheuer mittlerweile die Gerätschaften der Feuerwehr deponiert sind. Eine Inschrift erinnert an Volpert von Schwabach, einst Statthalter des Deutschordens. »Gottes Huet und Segen« habe man den Bau anvertraut. Das Ballspielen ist, wie ein Schild allen Nachwuchskickern vermittelt, auf dem schönen Kopfsteinpflasterplatz untersagt – was den gläsernen Laternenkugeln und den Fenstern der Unteren Kelter vermutlich zugute kommt. Letztere bietet heute, als Alte Kelter, Raum für Veranstaltungen unterschiedlichster Art.

> **SÜDLICH ODER SONNIG? DAS SONTHEIMER WAPPEN MIT SEINER HALBIERTEN SONNE BEANTWORTET DIE FRAGE SCHEINBAR EINDEUTIG.**

An der Görresstraße, auf dem früheren Kirchhof der Martinuskirche, steht seit 1912 ein unscheinbarer Brunnen, der es an Dramatik nicht mit seinem neuzeitlichen Pendant vor dem Sommerhaus des Deutschordens aufnehmen kann: mit dem von dem Kärntner Bildhauer Kurt Tassotti entworfenen Saureiterbrunnen in der Kolpingstraße, der sich auf den legendären Necknamen der Sontheimer bezieht und das zeigt, was sein Name sagt.

ALICE-SALOMON-SCHULE HEILBRONN /// HERMANN-WOLF-STRASSE 31 ///
74081 HEILBRONN /// 0 71 31 / 9 19 16 10 ///
WWW.ALICE-SALOMON-SCHULE-HEILBRONN.DE ///

Wer nur das Gegenwärtige wahrnimmt, sieht (und weiß) zu wenig. Das Gebäude der Alice-Salomon-Schule in der Sontheimer Hermann-Wolf-Straße ist ein gutes Beispiel dafür. Tafeln im Foyer erzählen die bewegende und düstere Geschichte dieses Hauses, in dem 2001, nach zehnjährigem Leerstand, eine Schule für Erziehungshilfe eingerichtet wurde. Verhaltensauffällige Schüler finden dort angemessene Betreuung und Anleitung.

EINST ALTERSHEIM UND FRAUENKLINIK, HEUTE GANZTAGSSCHULE

1907 wurde das von den Architekten Heim und Früh entworfene Gebäude errichtet. Seine exponierte Lage am Feldrand macht die neobarocke Pracht der dreieinhalb Stockwerke besonders deutlich. Eine langgestreckte, gelbe Front mit verspieltem gebogenen Giebel und Walmdach … und schon stellt sich beim Betrachter ein einladender Eindruck des Anmutigen ein. Das seit der Fertigstellung des Baus hier untergebrachte Israelitische Landesasyl »Wilhelmsruhe« besaß überregionale Bedeutung; anfänglich umfasste es sechs Doppel- und zwanzig Einzelzimmer. Mehrfach erweitert, beherbergte es bis zu 160 »erwerbsunfähige alte Württemberger«. Während der Pogromnacht vom 9. auf den 10. November 1938 zerstörten maskierte NS-Schergen die Inneneinrichtung weitgehend; zwei Jahre später ordnete man die Zwangsräumung des israelitischen Altersheims an. Hans Franke berichtet in seinem lesenswerten Buch *Geschichte und Schicksal der Juden in Heilbronn* (1963) davon.

> **Tipp:** Ein **ARCHITEKTONISCHES JUWEL** ist am südlichen Ortsrand von Sontheim zu entdecken.

Nach dem Zweiten Weltkrieg diente das Gebäude als Frauen- bzw. Nachsorgeklinik, ehe es 1999/2000 für die Zwecke einer Ganztagsschule umgebaut wurde. Benannt ist sie nach Alice Salomon (1872–1952), einer Sozialreformerin und Publizistin, die an der Seite von Gertrud Bäumer lange dem Bund deutscher Frauenvereine vorstand. Ihre Dissertation aus dem Jahr 1906 galt einem merkwürdig aktuell gebliebenen Thema: *Die Ursachen der ungleichen Entlohnung von Männer- und Frauenarbeit.* 1939 erkannte man ihr die akademischen Titel ab und zwang sie zur Emigration nach New York.

> **IN DIESER VILLA ERBLICKTEN VIELE HEILBRONNER DAS LICHT DER WELT, VON 1946 BIS 1972.**

So erinnert die Alice-Salomon-Schule in mehrfacher Weise an das Schicksal der Juden und ihrer Gemeinden in Deutschland. Und an die Opfer, die man in Sontheim zu beklagen hatten, an die Freunds, Strauß', Mändles und Ledermanns, die während der nationalsozialistischen Zeit ihr Leben ließen.

WERTWIESENPARK /// WERTWIESEN 3 /// 74081 HEILBRONN ///
WWW.HEILBRONN.DE/VER_UMW/GRUEN/PARKS/WERTWIESEN/ ///

In meiner Kindheit gab es ihn noch nicht. Damals erstreckte sich hinter dem Freibad Neckarhalde eine Talaue, die nichts Reizvolles bot. Erst im Zuge der Landesgartenschau von 1985 veränderte sich das Terrain komplett, und es entstand eine 15 Hektar große Parkfläche, die binnen kurzer Zeit von der Bevölkerung dankbar angenommen wurde. Zur Innenstadt ist es nicht weit, und über zwei Eingänge, an der Neckarhalde und in der Kolpingstraße, ist der Park zwischen 6 und 22 Uhr für alle – Hunde ausgenommen – zugänglich.

WO ES NACH ROSEN, KRÄUTERN UND BRATWÜRSTEN RIECHT

Parks sind überlebenswichtige Erholungsräume für abgas- und lärmgebeutelte Städter. Sie verstehen sich nicht – wie der Leiter des Heilbronner Grünflächenamtes Hans-Peter Barz sagt – als »Selbstzweck« und müssen benutzbar sein. In den Wertwiesen hat man diese Chance ergriffen und bietet Attraktionen für Jung und Alt. Duftgärten, Rhododendronhügel, Spazierwege, Minigolfanlage, Fitnessgeräte, Kneippbad und nicht zuletzt drei große Spielplätze, wo Fischernetz, Matschtisch oder Halfpipe demonstrieren, dass langweiliges Rutschen und Sandkuchenbauen höchstens in meiner Jugend als Highlights galten (auch wenn man damals noch nicht Highlights sagte).

Tipp »Freizeit, Spiel, Erholung« lautete das Motto der **LANDESGARTENSCHAU** 1985, Geburtsjahr des Wertwiesenparks.

Alle zwei Jahre findet das Traubenblütenfest im Wertwiesenpark statt, und 1999 entdeckte man ihn als Open-Air-Gelände. Montserrat Caballé, Chris de Burgh, Dieter Thomas Kuhn und Unheilig traten dort beispielsweise auf, zogen Tausende von Besuchern an und beschallten halb Sontheim mit ihrer Musik. An sonnigen Wochenenden werden die Wiesen zum Treffpunkt aller Grillfreunde, und der Umsatz der Metzgerinnung steigt ins Unermessliche. Am Tag danach freilich bleiben oftmals Müllberge zurück, für deren Entsorgung in der Hochsaison vier 7,5-Tonner benötigt werden. Da auch der Vandalismus in den Pavillonbereichen zugenommen hatte, ließ sich ein nächtliches Aufenthaltsverbot nicht vermeiden. Unter der Woche ist von derartigen Auswüchsen nichts zu spüren. Da spielt eine Familie Badminton und freut sich über gelungene Schläge; auf einer Wolldecke macht es sich eine junge Frau bequem und zieht ein Buch aus ihrer Tasche. Die nächsten Stunden wird sie die Welt vergessen und lesen, vielleicht passenderweise den Schelmenroman *Adrian der Tulpendieb* des Böckinger Autors Otto Rombach …

Romea und Julio HEISST DIE AUS ZWEI OBELISKEN BESTEHENDE STEINSKULPTUR ROLF BODENSEHS, DIE AM NORDEINGANG UND LIEBENDEN DEN WEG WEIST.

HEILBRONNER UMGEBUNG

MÖRIKE-MUSEUM /// TURMHAHNSTRASSE 2 ///
74196 NEUENSTADT-CLEVERSULZBACH /// 0 71 39 / 97 23 ///
WWW.MOERIKE-MUSEUM.DE ///

Im Juli 1834 war es endlich so weit: Der Ötlinger Pfarrverweser Eduard Mörike trat im von ihm liebevoll »Klepperfeld« genannten Cleversulzbach seine erste Pfarrstelle an. Neun Jahre wirkte er dort, bis er, von den Amtsgeschäften ermattet und von Krankheiten geplagt, als Mann von nicht einmal vierzig Jahren seine vorzeitige Pensionierung einreichte. Seine »Sehnsucht nach dem ländlich pfarrkirchlichen Leben« (so Mörike an Storm) spiegelt sich nirgendwo so anschaulich wie in Cleversulzbach: im Pfarrhaus, auf dem Friedhof, in der Dorfkirche, wo er seinen »guten Bauern« gern eine »scharfe Predigt« verabreichte, und im Mörike-Museum.

UND EWIG KRÄHT DER ALTE TURMHAHN

Viele Jahre lang war es für Literaturreisende Pflicht, in der alten Turmhahn-Stube einzukehren und sich – bei Fleischkäse und Heilbronner Schwarzriesling – von der Wirtin Margarete Seebold Geschichten erzählen zu lassen. Mit unerschöpflicher Energie präsentierte Frau Seebold, die Mörikes Tochter Fanny noch kennengelernt hatte, ihre Schätze: eine Streusandbüchse, Locken des Dichters, eine Wollhaspel, die er selbst anfertigte, eine Postkarte des Cleversulzbach-Gastes Albert Schweitzer und natürlich die Gästebücher.

Tipp: Alljährlich kommt man in Cleversulzbach zum **MÖRIKE-FEST** zusammen, hört Lyrikvertonungen, studiert Scherenschnitte und stärkt sich mit Turmhahngebäck, süß oder salzig.

Nach dem Tod Margarete Seebolds gelang es, ihre Sammlung zu retten und im 1996 eingeweihten und 2004 erweiterten Mörike-Museum im alten Schulhaus unterzubringen. Übersichtlich und liebevoll gestaltet reihen sich die Vitrinen aneinander und zeichnen Mörikes Leben und sein Werk nach. Da betrachtet man Mörikes Zeichnungen, bestaunt Alltagsobjekte wie Uhrschlüssel, Rasierspiegel oder Lichtputzschere, freut sich an der Erstausgabe der 1838 erschienen Gedichtsammlung und ist versucht, die Nachbildung des berühmten Turmhahns zu tätscheln. Zwei Vitrinen schließlich bezeugen die Nachwirkungen des abgründigen Biedermeierdichters Mörike. Immer wieder inspirierte er nachgeborene Kollegen wie Albrecht Goes oder Peter Härtling zu literarischen Auseinandersetzungen. Einer von ihnen, Hermann Lenz, kam schon als 16-Jähriger nach Cleversulzbach und hinterließ eines seiner frühesten Gedichte. In tapferen Hexametern gedenkt er darin Mörikes, der »einst am Waldrand saß und tief in Gedanken versunken / der herrlichen Mutter Natur ihr tiefes Geheimnis erlauscht«.

> **»ADE, O TAL, DU BERG UND TAL! / REBHÜGEL, WÄLDER ALLZUMAL! / HERZLIEBER TURN UND KIRCHENDACH, / KIRCHHOF UND STEGLEIN ÜBERN BACH!« (AUS MÖRIKES *Der alte Turmhahn*)**

FRIEDHOF CLEVERSULZBACH /// NEUENSTÄDTER STRASSE ///
74196 NEUENSTADT-CLEVERSULZBACH ///

»Hier ruhen vereint die Mütter der Dichter Friedrich von Schiller und Eduard Mörike« – in kräftigen Lettern steht es an der Friedhofsmauer in Cleversulzbach und mag manchen, der nicht über profundeste Kenntnisse der schwäbischen Geistesgeschichte verfügt, in Erstaunen versetzen. Dass Mörikes Mutter Charlotte, die 1841, also während Eduards Cleversulzbacher Pfarrzeit starb, dort ihre letzte Ruhestätte fand, verwundert nicht – doch wie kam es, dass Schillers Mutter Elisabetha Dorothea auf diesem unscheinbaren Kirchhof beigesetzt wurde?

ZUM VERGNÜGEN EINES JEDEN STEINMETZES

Johann Gottlieb Frankh übernahm 1799 die – seinerzeit ärmlich ausgestattete – Pfarrstelle in Cleversulzbach. Zwei Monate zuvor hatte er Schillers Schwester Louise geehelicht. Nachdem Schillers Mutter, die Majorin, davon Abstand genommen hatte, in die Nähe ihrer Tochter zu ziehen, kam sie von ihrem Wohnsitz in Leonberg mehrfach zu Besuch nach Cleversulzbach – obschon ihr der Schwiegersohn als »kein unterhaltender Mann« erschien. Von schwerer Krankheit gezeichnet, wurde sie im Februar 1802 von ihrer Tochter in Stuttgart abgeholt – und sollte das ungeliebte Cleversulzbach nicht mehr verlassen. Versuche, sie nach Ludwigsburg zu bringen, konnten nicht realisiert werden, und so starb sie Ende April 1802. Als die Frankhs zwei Jahre später nach Möckmühl weiterzogen, gerieten die Majorin und ihr Grab in Vergessenheit. »Als ich hierher kam, fand ich die Stätte durch nichts als einen mittelmäßigen Fruchtbaum bezeichnet«, schrieb Eduard Mörike 18[illegible]7 an seinen Kollegen Hermann Kurz und berichtete ihm, wie er selbst Hand anlegte, um den Grabplatz von Schillers Mutter neu zu gestalten. Mörike ließ einen Hügel aufwerfen, und als er auf ein »sehr starkes steinernes Kreuz« stieß, versah er es eigenhändig mit der wunderbar knappen Inschrift »SCHILLERS MUTTER«, hoch zufrieden mit seiner Handwerkerleistung: »Ich habe hier einige Übung, und sind die Lettern, tief und scharf, Fraktur, auch so glücklich geraten, dass jeder Steinmetz mit Vergnügen sich zu dieser Arbeit bekennen würde«. Als seine eigene Mutter starb, stand es außer Frage, wo sie zur Ruhe kommen sollte: »Ich habe ihr die werteste Stelle des Kirchhofs neben dem wohlbekannten Grabhügel verschafft. Von unserem Garten sieht man hinüber.«

Tipp: Auf Dichters Spuren zu wandeln – ein Leichtes in Cleversulzbach, dank des 15 Stationen umfassenden **MÖRIKE-PFADES.**

»… UND ES AHNT NIEMAND EIN HEILIGTUM HIER«, HEISST ES IN MÖRIKES GEDICHT Auf das Grab von Schillers Mutter, DAS 1835 ERSTMALS ERSCHIEN.

KERNERHAUS /// ÖHRINGER STRASSE 3 /// 74189 WEINSBERG /// 0 71 34 / 25 53 /// WWW.WEINSBERG.DE/FREIZEIT-KULTUR/MUSEEN-AUSSTELLUNGEN/KERNERHAUS/C622.HTML ///

Wer am Weinsberger Autobahnkreuz in den Stau gerät, hat Muße, sich am Anblick der unübersehbaren Burgruine Weibertreu zu erfreuen. Heute von Weinstöcken umschlossen, erinnert der Name der im 11. Jahrhundert erbauten Burg an eine oft nacherzählte Episode aus dem Jahr 1140, die zu schön ist, um sie nicht zu glauben. Stauferkönig Konrad III. eroberte damals die Burg und erlaubte den Weinsberger Bürgerinnen, fortzutragen, »was sie auf ihren Schultern vermöchten«. Die »treuen Weiber« überlegten nicht lange und nahmen ihre verdutzten Männer huckepack.

ÄOLSHARFEN IM WIND

Vom Parkplatz an der Hildthalle führt ein kurzer, steiler Fußweg, der »grasige Hag«, durch die Weinberge hinauf zur Burg. Für 1,50 Euro Eintritt darf man deren spärliche Überreste besichtigen: einen Teil des Bergfrieds, die Ringmauer und vor allem den Dicken Turm, der in Stein gehauene Literaturgeschichte darstellt. Maßgeblichen Anteil daran, dass die im Bauernkrieg zerstörte Burg nicht gänzlich verfiel, hat der Dichter Justinus Kerner, der 1819 als Oberamtsarzt nach Weinsberg kam. Zusammen mit rechtschaffenen Bürgerinnen gründete er bald darauf den Frauenverein zu Weinsberg, der Spenden einwarb und sich daranmachte, die Burganlage von den gröbsten Verwüstungen zu befreien und wieder begehbar zu machen.

Tipp

Keine protzige Burg, keine Touristenströme – vielleicht deshalb ein **LIEBLINGSPLATZ** unter den Lieblingsplätzen.

Um ein Haar wäre aus der Weibertreu noch zu Kerners Lebzeiten ein frühes feministisches Monument geworden. Doch die tief emanzipatorischen, von der Weltenburger Walhalla inspirierten Pläne des Architekten Karl Alexander von Heideloff, auf dem Berg eine »Ruhmeshalle für Frauen« mit allerlei »Marzipantürmen« zu errichten, blieben ein Luftschloss. Wer alles im Lauf der Zeit Burg und Kernerhaus besuchte, lässt sich dank einer Initiative von Kerners Sohn Theobald an den Inschriften im Dicken Turm nachlesen. Dichter wie Clemens Brentano, Wilhelm Hauff, Berthold Auerbach, Hermann Kurz oder Friedrich Theodor Vischer verewigten sich in diesem »Steinernen Album«, und wenn man – unter der Woche, wenn sich kaum jemand auf die Weibertreu verirrt – Glück hat und der Wind durch die Mauerritzen streicht, erklingen die Äolsharfen in den Schießscharten. Auch das eine Idee des rührigen Justinus Kerner.

»WIENER RAKETEN« WOLLTE DER DICHTER NIKOLAUS LENAU 1835 WÄHREND DER WEINLESE IN DEN WEINSBERGER HIMMEL SCHIESSEN.

»Die hiesige Gegend ist überhaupt sehr merkwürdig, trägt ein charakteristisches Leben«, schrieb der 32-jährige Justinus Kerner an Ludwig Uhland, als er 1819 als Oberamtsarzt nach Weinsberg kam. Drei Jahre später siedelte er mit seiner Familie in ein von Baumeister Hildt errichtetes Haus an der Öhringer Straße, »in einer sehr schönen Lage unter lauten Fruchtbäumen«, wo er bis zu seinem Tod 1862 lebte. Wie kaum ein anderes Dichterhaus im »Ländle« lässt es in jedem Winkel den Geist seines schaffensfreudigen Besitzers aufleben. Man versteht, warum zahllose Künstler, Wanderer und Kranke einst Zuflucht in diesem »Asyl der Gastfreundschaft« (Friedrich Th. Vischer) suchten.

KESSELSUPPE UND PFANNKUCHEN

Um keinen anderen schwäbischen Dichter ranken sich so viele Anekdoten wie um den übermütigen, trinkfesten Melancholiker Kerner; etliche davon hat sein Sohn Theobald in seinem Buch *Das Kernerhaus und seine Gäste* überliefert. Da lesen wir beispielsweise davon, wie Vater und Sohn die Weinsberger Frauen auf den Pfannkuchenprüfstand stellten und sich nacheinander bekochen ließen. Manche der Objekte, die man den beiden vorsetzte, waren indes »lederzäh« oder »dünn wie Postpapier«. Die besten – so das nicht überraschende Testergebnis – gab es ohnehin im Kernerhaus, wo die vielgeliebte Friederike, das »Rickele«, ihres Amtes waltete. Ihr Tod 1854 ließ den an einer Augenkrankheit leidenden Justinus fast verzweifeln. Bereits dreizehn Jahre hatte er in einem seiner schönsten Gedichte – *An Sie im Alter* – diesen Kummer vorausgeahnt.

Als Arzt erwarb sich Kerner Meriten durch eine von ihm selbst aufgesetzte »Kesselsuppe«, durch seine Studie *Neue Beobachtungen über die in Württemberg so häufig vorgefallenen tödtlichen Vergiftungen durch den Genuss geräucherter Würste*, wo von schrecklichen Beispielen männlicher Wurstgier die Rede ist. Beinahe wäre auch ein Weinsberger Stadtrat zu Tode gekommen, der den fauligen Geschmack einer geräucherten, kräftig in Essig und Öl getränkten Leberwurst erst nach der dritten Scheibe bemerkte. Kerner behandelte die Bauern der Umgebung ebenso gewissenhaft wie prominente Kranke, darunter Friederike Hauffe, die Seherin aus Prevorst. Daneben fand er Zeit sich um den Erhalt der Weibertreu zu kümmern, empfing Dichterfreunde wie Nikolaus Lenau oder Gustav Schwab, schrieb das *Bilderbuch aus meiner Knabenzeit* – und nicht wenige Gedichte, die einen Stammplatz in Lyrikanthologien haben, wie *Der Wanderer in der Sägemühle*, das Franz Kafka zu seinem Lieblingsgedicht erklärte.

HOHEN ZUCKERGEHALT, GUTE SÄURE UND EIN DEZENTER MUSKATTON ZEICHNEN DEN KERNER AUS – WELCHEM DICHTER WURDE NOCH DIE EHRE ZUTEIL, ZUM NAMENSPATRON EINER REBSORTE ZU WERDEN?

RÖMISCHE BADRUINE WEINSBERG /// AM FUSSE DER BURGBERGES /// TOURIST-INFORMATION 0 71 34 / 51 21 06 /// WWW.WEINSBERG.DE/FREIZEIT-KULTUR/MUSEEN-AUSSTELLUNGEN/ROEMISCHER-GUTSHOF-MIT-BADRUINE/C623.HTML ///

Rosen, Wein und treue Weiber – daraus besteht für die meisten das Bild des Justinus-Kerner-Städtchens Weinsberg. Doch spätestens 1906 kam eine neue Attraktion hinzu, deren Ursprünge weit zurückreichen. Damals hatte man, beim Ausgraben eines Baumstumpfs, Überbleibsel einer römischen Badruine entdeckt, doch erst 1928 wiesen weitere Funde darauf hin, dass das Bad Teil eines Gutshofkomplexes war.

RÖMISCHES BADEFEELING, MIT WAND- UND FUSSBODENHEIZUNG

150 n. Chr., so vermutet man, wurde der Gutshof erbaut, als die Römer den Neckarlimes aufgaben und ihre Truppen an ein neues Teilstück des Limes zwischen Miltenberg und Lorch umsiedelten. Mindestens einhundert Jahre existierte der Gutshof, ehe ihn die Alemannen verwüsteten. Sein Hauptgebäude, eine Portikusvilla, wies mit gut 750 Quadratmetern eine beachtliche Größe auf. Nachrestaurierungen im Jahr 1976 brachten neue Gebäudeteile ans Licht; zwischen 1977 und 1979 setzte die Stadt Weinsberg die Anlage mustergültig instand. Von Wohnhäusern umgeben, gewährt das römische Kleinod an der Ecke Leibling- und Weidachstraße ganztägig freien Eintritt.

> **Tipp** Die Weinsberger **BADEGÖTTIN** – das Original steht im Stuttgarter Lapidarium.

Das überdachte Badehaus erlaubt einen höchst anschaulichen Einblick in das Alltagsleben römischer Familien. Ohne dass man die Fantasie übermäßig beanspruchen müsste, fällt es nicht schwer, sich eine typisch römische Badegesellschaft auszumalen. Wo man sich einst auszog, ins Kalt- oder Warmwasserbecken stieg oder sich in der Sauna, dem Schwitzraum, abhärtete, lässt sich anhand der steinernen Überbleibsel mühelos erkennen. Und besondere Aufmerksamkeit zieht die Heizanlage, das Hypocaustum, auf sich. Von einem neben der Sauna platzierten Heizraum aus leiteten Rohre Warmluft weiter, um mittels einer Fußboden- und Wandheizung für wohlige Badeatmosphäre zu sorgen. Wer dieses System in seinen Weinsberger Überbleibseln bestaunt, wird der gallischen Lesart von den »spinnenden« Römern nicht mehr gedankenlos folgen. Lediglich hinsichtlich ihres Energieverbrauchs gilt die Hypocaustenheizung heute nicht als vorbildlich; um sie in Gang zu setzen, waren gehörige Mengen von Feuerholz nötig.

> **WOHER BEZOG DER GUTSHOF SEINE ZIEGEL? AUS EINEM TONZIEGELBETRIEB IN GROSSBOTTWAR, WIE EIN SCHERBENFUND NAHELEGT.**

Mit göttlichem Beistand versorgte die Wasserlustigen die Badegöttin Fortuna balnearis, zuständig für Gesundheit und Wohlergehen. Ihre halblebensgroße Statue zählt zu den Gutshoffunden.

RAPPENHOF /// RAPPENHOFWEG 1 /// 74189 WEINSBERG /// 0 71 34 / 51 90 ///
WWW.RAPPENHOF.DE ///

Ein idealer Ort, um Mutters 80. Geburtstag zu feiern, ein prachtvoller Ort, um eine Radtour zu unterbrechen, eine Schorle zu trinken, auf die Weibertreu zu blicken und den Sonnenuntergang abzuwarten. Der Weinsberger Rappenhof zählt zu den Gaststätten, in die man Angehörige umstandslos ausführen kann. Einst ein landwirtschaftlicher Betrieb wird der Rappenhof seit 1951 als Wirtschaft geführt, die kontinuierlich an Ansehen gewann und mittlerweile als attraktives, verkehrsgünstig gelegenes Tagungshotel gilt.

MEHRFACHER ANLASS ZUM SCHWÄRMEN

Familie Wurster, in deren Besitz das Anwesen seit 1927 ist, verstand und versteht es, den modernen Bedürfnissen gerecht zu werden. Man vertraut auf biologisch dynamische Produkte, serviert einen Wildschweinbraten, der Obelix und seinen Kumpanen Freude bereitet hätte, bietet eine reiche Palette regionaler Weine an – als Württemberger trinkt man Mosel- oder Nahe-Gewächse nur im Notfall – und hat das Freigelände geschmackvoll umgestaltet mit einer Terrasse, Sitzgruppen unter Bäumen, einem Bach und einem Spielplatz, der den Kleinen Abwechslung verspricht, wenn die letzte Kugel »Bauernhof-Eis« verdrückt ist.

Tipp: Rauch'sches Palais in Heilbronn, **KATHARINENPLAISIR** in Cleebronn, Rappenhof in Weinsberg – Ziele eines Ausflugs auf Krüdener-Spuren.

Und wer sich wohler fühlt, wenn er sein Maultaschensüppле in historisch bedeutsamer Umgebung verzehrt, kommt auch auf seine Kosten. Eine Krüdener-Stube erinnert an eine einst berühmte Bewohnerin des Rappenhofs, an die baltischen Baronin Juliane von Krüdener (1764–1824), die halb Europa von ihren mystisch-schwärmerischen Ideen in Atem hielt, Kontakt zu deutschen und französischen Geistesgrößen hatte und mit dem Briefroman *Valérie* Erfolge feierte. Im Juni 1815 schließlich griff die – von Goethe wenig geschätzte – Baronin aktiv in die Weltgeschichte ein, als sie vom kurz zuvor bezogenen Rappenhof nach Heilbronn aufbrach und im Rauch'schen Palais (an der Ecke Kaiserstraße/Marktplatz gelegen) mit dem russischen Zar Alexander I. zusammentraf. Mit ihrem religiösen Schwärmertum überzeugte sie den kränkelnden Herrscher, Österreich und Preußen eine Heilige Allianz vorzuschlagen, die christliches Gedankengut zum Leitbild der Politik erklärte. Lange hielt es die sendungsbewusste Krüdener nicht auf dem Rappenhof, doch Justinus Kerner wurde nie müde, seine Gäste auf deren geschichtsträchtigen Aufenthalt hinzuweisen. Dass es Forscher gibt, die behaupten, diese habe seinerzeit nicht in Weinsberg, sondern in der Oberen Mühle in Schluchtern gewohnt, sei hier vernachlässigt.

> **»DIE HEILIGE ALLIANZ IST EIGENTLICH IN WEINSBERG ENTSTANDEN UND GEHÖRT AUCH ZU DEN KAKODÄMONISCHEN ERSCHEINUNGEN.« (JUSTINUS KERNER)**

ZWECKVERBAND BREITENAUER SEE /// RATHAUSGASSE 4 ///
74182 OBERSULM /// 0 71 30 / 2 84 01 /// WWW.STADT-LOEWENSTEIN.DE/
TOURISMUS-FREIZEIT/FREIZEIT/BREITENAUER-SEE/ ///
DER SEE BEFINDET SICH SÜDLICH VON OBERSULM ///

Eine Labsal fürs Auge ist er, der Ausblick von Löwenstein ins Weinsberger Tal – und über die 40 Hektar große und bis zu 20 Meter tiefe Wasserfläche des Breitenauer Sees. Wo jährlich bis zu einer halben Million Besucher Entspannung suchen, breitete sich einst eine Brache frisch planierter Erdflächen aus, die den Liebreiz sibirischer Industrielandschaften ausstrahlten. Hochwasserschäden machten es Ende der 1970er-Jahre nötig, ein Rückhaltebecken zu bauen, das zum größten See im Regierungsbezirk Stuttgart wurde.

MUNTER WIE EIN KREBS IM WASSER

1986 gab man den Breitenauer See für die Öffentlichkeit frei. Längst ist er ein beliebtes Wochenendziel für Schwimmer, Jogger, Segler, Angler und Camper. Umgeben von Weinbergen, lädt sein vier Kilometer langer Rundweg zu Spaziergängen ein. Wer es unruhiger haben möchte, nimmt an »Events« teil, an Beachvolleyballturnieren und Triathlon-Wettbewerben, oder arbeitet sich auf Cross-Skates durch das Gelände. Der mehrfach ausgezeichnete, am Westufer liegende Campingpark Heilbronn weist direkten Seezugang auf und verfügt über mehrere Hundert Dauer- und Ferienplätze. Zusätzliches regionales Feeling bekommt man, wenn man eines der »Wengerterhäuschen« mietet, helle Blockhäuser, von deren Terrassen aus man auf Reben blickt.

Tipp: Einkehr im Seerestaurant, zum Löwensteiner Leibgericht mit »Roastbraten« (!) oder zum **WEIBERTREU-SALAT,** dessen Fischfilets die Burgruine nachbilden.

Auch ökologisch ist der Breitenauer See von Bedeutung und bietet Lebensraum für gefährdete Tierarten. Zweimal im Jahr, im Frühjahr und im Herbst, tut sich ein imposantes Bild auf, wenn die Zugvögel einen Flugstopp einlegen. Kaum einer der Badegäste ahnt wohl, was sich unter der Wasseroberfläche des Anglerparadieses tut. Karpfen, Barsche, Zander, Waller – das Angebot an heimischen Fischarten ist reichhaltig, und wer des Anglerlateins mächtig ist, hat allen Anlass, es hier fließend zu sprechen. Manche Waller sind über zwei Meter lang, und der eine oder andere Karpfen bringt es, so die Fachleute, auf 18 Kilogramm und sättigt an Weihnachten sogar vielköpfige Willsbacher Familien. Nicht alle Seebewohner freilich sind gleichermaßen willkommen. Der galizische Sumpfkrebs beispielsweise, der auf rätselhaften Wegen ins Weinsberger Tal gelangt ist. Bis zu 2.500 der Fischlaich fressenden Krebse werden pro Jahr gefangen. Kein Wunder also, dass die Breitenauer Angler häufig Gäste zum geselligen Krebsessen einladen.

ZEHN BIS ZWÖLF TONNEN FISCHE TUMMELN SICH IM HOCHWASSERRÜCKHALTEBECKEN BREITENAU, VON GALIZISCHEN KREBSEN GANZ ZU SCHWEIGEN.

LÖWENSTEINER WALDFRIEDHOF /// FRIEDHOFWEG /// 74245 LÖWENSTEIN ///
TOURIST-INFO: 0 71 30 / 22 23 ///
WWW.PROJEKTE-REGIONAL.DE/INHALT/HN/LOEWENSTEIN_WALDFRIEDHOF.HTM ///

»Malerisch-romantisch«, heißt es in einem Reiseführer der 1930er-Jahre, schmiege sich das Städtchen Löwenstein an den Berghang und biete ein »reizendes mittelalterliches Gesamtbild«. Bis heute hat sich dieses in vielem erhalten, und wer, von Willsbach kommend, mit dem Auto die Haarnadelkurven der B 39 hinter sich gebracht und vielleicht einen Abstecher im Weingut Zipf gemacht hat, sollte seine Fahrt im Ortskern unterbrechen.

EIN GOLDENES KREUZ, DAS IN DIE FERNE STRAHLT

Mit einem Hörnchen mit Eis, von Konditor Sammet hergestellt, in der Hand hat man, vorbei am Gasthof Hohly, nach gut 300 Metern einen der beschaulichsten Flecken des Unterlands erreicht: den Löwensteiner Waldfriedhof. Mit windschiefen Obstbäumen bestandene Wiesen fallen steil hinab und säumen den Weg zum Friedhof. Sorgsam aufgeschichtete Brennholzstapel hier und dort würden den alten Holzweibern in Otfried Preußlers *Die kleine Hexe* helle Freude bereiten. An diesem Platz, denkt man unwillkürlich, möchte man begraben sein und, wenn es die denn gibt, seine letzte Ruhe finden. Weit erstreckt sich der Blick ins Weinberger Tal, Hößlinsülz zur Linken und der Breitenauer See zur Rechten.

> **Tipp:** Im **GASTHOF HOHLY** – vielleicht bei Rehmedaillons aus Löwensteiner Jagd – einkehren und eine spektakuläre Aussicht genießen.

Läge man dort, hätte man gute Gesellschaft. Manfred Kyber zum Beispiel, der 1933 verstorbene Märchenerzähler und Tierschutzverfechter, ist hier begraben. Ein schlichter, wuchtiger Findling markiert sein Grab. Im Hohly'schen Familiengrab wenige Schritte weiter ruht der spätexpressionistische, für seine Pferdebilder bekannte Maler Richard Hohly. Und natürlich gedenkt man hier Justinus Kerners berühmtester Patientin, der 1829 in Löwenstein jung verstorbenen Friederike Hauffe, der »Seherin von Prevorst«. Ihr Grabsockel trägt ein Goldkreuz, das im Abendlicht weit ins Tal leuchtet. Errichtet wurde es vom Grafen von Maldeghem aus Niederstotzingen, dessen an einer Nervenkrankheit leidende Ehefrau – wie Justinus Kerner in seiner vielfach aufgelegten Monografie über Friederike Hauffe berichtet – dank der magischen Kräften der somnambulen Seherin geheilt wurde. Eine der Sockelinschriften preist die Gaben der seinerzeit von vielen Geistesgrößen besuchten Prevorster Försterstochter: »Du hast zunichte gemacht die Weisheit der Weisen.«

> **»OB WIR TRÄUMEN ODER WACHEN, KEINER WEISS ES GENAU« (MANFRED KYBER) – VERSE, DIE ZUR ABGESCHIEDENHEIT DES WALDFRIEDHOFS PASSEN.**

AUSSICHTSPLATTE LÖWENSTEIN /// B 39 MAINHARDTER STRASSE ///
74245 LÖWENSTEIN /// TOURIST-INFO: 0 71 30 / 22 23 ///

Für Autofahrer ist hier kein Platz. Denn die Löwensteiner Platte, einer der beliebtesten Motorradtreffs in Süddeutschland, ist nicht für vierrädrige Fahrzeuge vorgesehen. Diese müssen sich mit dem tiefergelegenen Parkplatz begnügen, von wo aus freilich ihre Halter mit einem grandiosen Blick ins Tal – über den Breitenauer See hinweg – getröstet werden.

EIN PARADIES FÜR BIKER

Für Motorradfahrer hat die von Löwenstein nach Mainhardt führende B 39 viel zu bieten. Mit Wonne legen sie sich in deren Serpentinen, ihr Fahrvermögen und die Leistungskraft ihrer Maschinen demonstrierend. Um die meist liebevoll gepflegten BMWs, Kawasakis, Yamahas und Royal Enfields gebührend zur Schau stellen zu können, bedarf es eines Treffpunkts wie der Löwensteiner Aussichtsplatte. An Wochenenden drängen sich schon einmal 300 Motorräder in der engen Parkbucht. Man prüft Benzinhähne und Verkleidungen, tauscht sich über Routen und Radarkontrollen aus, genießt die Aussicht, nimmt auf der langen Holzbank am Straßenrand Platz und die Sozia in den Arm. Und nicht zuletzt erlaubt es der bestens etablierte Kiosk – eine Goldgrube, wie man vermuten darf –, den Reiseproviant aufzufüllen, einen Kaffee zu trinken oder sich mit einer der von den Stammkunden besonders geschätzten Paprikawurst zu stärken.

Tipp: Sich die alte Norton vom Nachbarn ausleihen und eine **SPRITZTOUR** zur Platte unternehmen – fast wie früher (wenn die Knochen mittun).

Es ist ein eigener Kosmos, der sich hier ausbreitet. Gleichgesinnte kommen zusammen, aus, wie die Kennzeichen verraten, Schwäbisch Hall, Würzburg, Ludwigsburg oder von noch weiter her. Im Internet verabredet man sich zu einem Plausch auf der Platte und hat für diejenigen, die mit einem langweiligen VW Golf oder Opel Astra durch die Welt kutschieren, allenfalls ein müdes Lächeln übrig.

»EIN ELDORADO FÜR KURVEN-FREUNDE«, HEISST ES IM INTERNET ÜBER DIE VON LÖWENSTEIN ZUR PLATTE FÜHRENDE BUNDESSTRASSE.

Für sensible Gemüter unter den Autofahrern ist das kein Ausflugsziel. Sie treten kurz nach Löwenstein in den Kurven ängstlich aufs Bremspedal, sobald sie im Rückspiegel aufheulende Motorräder wahrnehmen, und wünschen sich nichts mehr, als diesen Straßenteil bald hinter sich zu lassen. Dass es manche Biker übertreiben, sich und ihren Untersätzen zu viel zutrauen, gehört zur Geschichte dieses Ortes. Warnschilder weisen auf die Gefahr hin, und ein Gedenkkreuz erinnert an die tödlich Verunglückten.

Am Sonntag in die Natur. Ihr wollt doch nicht den ganzen Tag in der Stube hocken, kommt nicht infrage. Ich wäre gern zu Hause geblieben, vor dem Radio (Radio Luxemburg!) oder Plattenspieler. Stattdessen: Bei schönem Wetter fuhr man am Sonntagmorgen hinaus, immer in die gleiche Richtung: Mainhardter Wald, Löwensteiner Berge, wandern in Lederhose und Trachtenjanker, der auf der Haut kratzte. War das langweilig.

JETZT KOMMEN DIE SALÄTER!

Was für eine herrliche Luft!, rief Mutter aus, sich selbst anfeuernd. Vielleicht finden wir Pilze. Früher in Vaters Jugend in der Oberpfalz, da wuchsen Steinpilze und Rotkappen, wie das Herz sie begehrte. Im Mainhardter Wald brauchte man Glück, jetzt da immer mehr Leute am Wochenende ins Grüne fuhren, die nicht mehr ganz so herrliche Luft verpesteten, ins Dickicht vorpreschten und blindlings alle Pilze sammelten, die ihnen in die Quere kamen. Nur der Pilzberater, der in der Stadtbücherei Sonntagsdienst schob, hielt die Verrückten davon ab, einen Fliegen- und Knollenblätterpilzpfannkuchen zuzubereiten. Vater lehnte das rundherum ab: Er sammelte nur Steinpilze, Rotkappen, Birkenpilze (selten!) und Pfifferlinge. Später, als er sein System verwässerte, durften Maronen mit ins Spankörbchen.

Und die Walderdbeeren! Nicht zu vergleichen mit den normalen Erdbeeren, die es im Laden zu kaufen gab, wässrig schmeckten, gar kein Aroma hatten. Klein, dunkelrot und duftend wuchsen sie am Wegrand, schwer zu entdecken und immer seltener werdend. Manchmal hieß es, man müsse sie meiden, wegen der Füchse und der Tollwut. Blaubeeren waren leichter zu finden, wenngleich nicht mehr so zahlreich wie in Vaters Kindertagen, als seine Brüder und er die Beeren kannenweise sammelten und auf dem Markt verkauften. Immerhin, am Steinknickle oder Jux, den von uns tapfer erklommenen Anhöhen, gab es genügend Blaubeeren. Oder Schwarzbeeren. Oder Heidelbeeren. Mutter, die im Ruhrgebiet geboren und aufgewachsen war, sagte Bickbeeren. Abends gab es nach der »köstlichen« Pilzsuppe Bickbeeren in Milch.

> **WEM GOTT WILL RECHTE GUNST ERWEISEN, DEN SCHICKT ER NACH NEULAUTERN ODER MURRHARDT.**

Nach absolvierter Wanderung parkten wir auf dem Marktplatz in Löwenstein; schräg gegenüber in der Bäckerei an der Durchfahrtstraße holte Mutter Eiskugeln für jeden. Ist da viel günstiger als in der Stadt, bei Presutti. Schokolade, Erdbeere oder Vanille. Mit einem knusprigen Kekshörnchen, wenn man mindestens zwei Kugeln nahm. Bei einer – 20 Pfennige – musste man sich mit einem watteartigen Oblatenhörnchen begnügen, das nach aufgeschäumtem Papier schmeckte.

Wenn es schon morgens losging, war das Murren laut. Den ganzen Tag wandern! Kehren wir mittags wenigstens ein? Gibt es da Pommes? Und Cola? Meistens klappte das nicht, vor allem wenn wir in Grab bei Großerlach Rast machten, im Rössle, wo es gemischten Braten gab, mit handgeschabten Spätzle und viel Soß'. Pommes waren denen unbekannt. Stattdessen lernte ich ungewöhnliche Pluralformen kennen: »Jetzt kommen die Saläter!« Der Ruf der kräftigen Bedienung schallte durch die sonntags eng besetzte Stube. Echte Schwaben schubsten den Kartoffelsalat in die Bratensoße und mischten alles gut durch. Manchmal gab es drei- oder viergeteilte Teller, wo Braten und Spätzle und G'müs ihre eigenen Fächer hatten. Statt Cola bestellte Vater Apfelsaftschorle.

NICHTS DA MIT DEINER DUDELMUSIK! HEUTE WIRD GEWANDERT, VERSTANDEN?

Interessant wurde es am Schluss, wenn es ums Trinkgeld ging. Warum bekommt die Bedienung extra Geld? Und wie viel? Vaters Blick war hoch aufmerksam; als kaufmännischer Angestellter überschlug er im Kopf die angemessene Trinkgeldsumme. Zuvor vergaß er nie, die Rechnungsposten mit dem zu vergleichen, was die Bedienung in ihrer weißen Schürze mit dem Kugelschreiber auf ihren Block addiert hatte. Wehe, wenn sie sich vertat. Manche, erklärte Vater, machten das extra. Wir kontrollierten alles. Immerhin aß man im Rössle preiswert. Der Löwen ein paar hundert Meter weiter war zu vornehm, aber die hatten sicher Pommes auf der Karte.

BLEICHSEE LÖWENSTEIN /// VON DER LANDSTRASSE ZWISCHEN LÖWENSTEIN UND VORHOF AUSGEHEND LIEGT ER VOR DEM SANDBERG /// TOURIST-INFO: 0 71 30 / 22 23 /// WWW.STADT-LOEWENSTEIN.DE/TOURISMUS-FREIZEIT/FREIZEIT/BLEICHSEE/ ///

»Bunt sind schon die Wälder, / Gelb die Stoppelfelder, / Und der Herbst beginnt! / Rote Blätter fallen, / Graue Nebel wallen, / Kühler weht der Wind!« – das von Johann Friedrich Reichardt vertonte *Herbstlied* zählt zu den populärsten deutschen Liedern. Kaum einer weiß, dass es Johann Gaudenz von Salis-Seewis 1782 schrieb, und wäre es nicht recht unwahrscheinlich, dass der Schweizer jemals die Löwensteiner Berge besucht hat, ließe sich mit Fug und Recht denken, dass ihn der Anblick des herbstlichen Bleichsee zu seinen eingängigen Versen inspirierte.

STILL RUHT DER SEE

Das Attribut »still«, mit dem der künstlich angelegte, zwei Hektar große See seit jeher bedacht wird, trägt er zu Recht. Von der Umtriebigkeit, die am nahen Breitenauer See herrscht, ist an seinen zugewachsenen Ufern nichts zu spüren. Wanderer bauen ihn in ihre Routen ein; Schlittschuhläufer ziehen im Winter ihre Kreise, und Spaziergänger nehmen sich eine Auszeit, um den 240 Meter langen und 130 Meter breiten See zu umrunden, sich auf einer der Bänke niederzulassen und die Seerosen zu studieren. Fotografen bevorzugen die Herbststimmung am See, wenn sich ein wunderbar gedämpftes Licht Bahn durch die rotbraunen Blätter bricht oder Nebelschleier die Uferkonturen verschwimmen lassen.

Tipp

»Was kümmert uns die Kälte? / Was kümmert uns der Schnee? / Wir wollen **SCHLITTSCHUH** laufen / Wohl auf dem blanken See« (Hoffmann von Fallersleben) – ein Gedicht für den Bleichsee-Winter.

Zwischen Löwenstein, das man zu Fuß in einer halben Stunde erreicht, und dem Unterheinrieter Ortsteil Vorhof, liegt der See, der sein Wasser aus dem Kanal des Mühlgrabens erhält und in die Sulm abfließt. Einst befanden sich auf der Kirschenebene, so der alte Name des Terrains, mehrere Seen. 1775 begann der Löwensteiner Kaufmann Johann Georg Schmidtgall, Pächter des übriggebliebenen Sees, diesen für seine Zwecke zu nutzen. Zusammen mit einem Heilbronner Kompagnon errichtete er am Seeufer eine Walkmühle, um Leinwand aus Flachsfasern zu wässern und zu bleichen. Bis 1806, als der Pachtvertrag nicht verlängert wurde, betrieb man das florierende Geschäft, das dem Gewässer seinen Namen gab. Die Walkmühle wurde abgebrochen, und am See kehrte wieder Ruhe ein. Da sich dieser in Privatbesitz befindet, bleiben ihm auch die Angler wohl oder übel fern; die Stadt Löwenstein gibt keine Angelkarten für den Bleichsee aus. So bleibt Zeit, die Wasservögel zu beobachten – auch das ein beliebtes Fotomotiv.

SEIT 1978 IST DER BLEICHSEE LANDSCHAFTSSCHUTZGEBIET UND BILDET EINES DER GROSSEN AMPHIBIENLAICHGEBIETE DER REGION.

BURGFALKNEREI HOHENBEILSTEIN /// 71717 BEILSTEIN /// 0 70 62 / 52 12 /// WWW.FALKNEREI-BEILSTEIN.DE ///

Von Weitem sichtbar überragt die von terrassierten Weinbergen umschlossene Burg das 6.000-Einwohner-Weinstädtchen Beilstein. Ihre Ursprünge reichen bis ins 11. Jahrhundert zurück; 1340 ging sie in württembergischen Besitz über. Dem Burgweg folgend, gelangt man über den in den Fels geschlagenen Burggraben in die von einer Ringmauer umgebene Kernburg. Sich etwaigen Feinden entgegenstemmend, dominiert der »Langhans«, ein 27 Meter hoher, fünfeckiger Bergfried, die Anlage. Seine Mauern weisen zum Teil eine Dicke von fünf Metern auf. Dass die Burg im Bauernkrieg und Ende des 17. Jahrhunderts zerstört wurde, konnten sie nicht verhindern.

WENN GREIFVÖGEL ÜBER DEM LANGHANS KREISEN

Zweihundert Jahre später befand sich Hohenbeilstein in desaströsem Zustand. Dem aus Ilsfeld stammenden Unternehmer Robert Vollmöller (1849–1911) ist es zu verdanken, dass die Burg heute nicht als Ruine zu besichtigen ist. Er erwarb Grundstücke am Hang, ließ vieles herrichten und erbaute das Untere Schloss als Wohnhaus. Anfänglich in Ilsfeld, dann in Stuttgart-Vaihingen, betrieb er einen erfolgreichen Textilgroßhandel, der Frauen vom ungeliebten Korsett befreien wollte. 1910 stand Vollmöller, dessen Betriebsführung durch großes soziales Engagement auffiel, dem weltweit größten, 3000 Mitarbeiter zählenden Trikotagehersteller vor. Sowohl Ilsfeld als auch Vaihingen ernannten ihn zum Ehrenbürger; einer seiner Söhne, Karl Gustav, machte sich als Übersetzer und Schriftsteller einen Namen.

Tipp

Das Buch zum Burgbesuch hat Stauferkaiser **FRIEDRICH II.** geschrieben: *Über die Kunst, mit Vögeln zu jagen.*

1960 verkauften Vollmöllers Erben das Anwesen; die Burg ist seitdem im Besitz der Stadt Beilstein. Ein Jahr später gründete Claus Fentzloff die Burgfalknerei als erste Auffangstation für Greifvögel und Eulen. 1970 übersiedelte Fentzloff mit seiner Greifenwarte auf Burg Guttenberg. Doch auch Hohenbeilstein verfügt über eine im Burggraben untergebrachte Falknerei, betrieben von Brigitte und Peter Kaltenleitner. Außer montags finden im Sommer Flugvorführungen statt, und wenn das Wetter mitspielt, darf man den Flug der Geier verfolgen, der bis zu 2.000 Meter in die Höhe geht. Setzte die Falknerei Greifvögel einst zur Jagd ein, so geht es heute vor allem um die Züchtung und Rehabilitierung geschützter Greifvögel.

DAS VON HARTMANN DIPPON BETRIEBENE SCHLOSSWEINGUT IST SEIT 1994 KOMPLETT AUF ÖKOLOGISCHEN WEINBAU UMGESTELLT.

Mayer's Burgrestaurant setzt auf regionale Produkte wie den Schozachtaler Landgockel und lädt, wie es sich gehört, zum vierstündigen Rittermahl ein, Met aus dem Horn inklusive.

Zu übersehen ist sie nicht, die oberhalb Untergruppenbachs auf einer Sandsteinstufe thronende Burg Stettenfels. Im 11. Jahrhundert erbaut, wird sie von einem Burggraben und drei Wehrtürmen umgeben. Mehrfach wechselte das Schloss im Lauf der Jahrhunderte seinen Besitzer, und zahllose Renovierungs- und Umbaumaßnahmen veränderten die Ansicht immer wieder. Ihr heutiges Renaissanceantlitz verdankt Burg Stettenfels der Grafenfamilie Fugger, die das Anwesen von 1551 bis 1747 in Besitz hatte.

GRUSELDINNER VOR GRANDIOSER KULISSE

Eine Burg wie diese inspirierte ihre Eigentümer nicht nur zu vielfachen Umbauten, sondern führte auch zu unterschiedlichsten Nutzungen. Mal wollte man hier ein Kapuzinerhospiz gründen, mal beherbergten die Schlossmauern das staatliche Forstamt. In den 1920er-Jahren errichtete der Kornwestheimer Schuhfabrikant Siegfried Levy ein Gestüt – bis ihn die Nationalsozialisten vertrieben. Deren Baumeister Albert Speer wollte in Untergruppenbach eine »Ordensburg« etablieren – ein Vorhaben, das dem Ort durch den beginnenden Krieg erspart blieb.

Tipp: Dem Ernst des Lebens kann abgeholfen werden – mit den **»LACHNÄCHTEN«** auf Stettenfels.

Seit 1994 gehört Stettenfels dem Fleiner Architekten Roland Weimar, der – das zeigt ein erster Blick auf das an mehreren Stellen bröckelnde Mauerwerk – viel in die Renovierung investiert und das Gelände zur vielfachen Nutzung freigibt. Nichts scheint es zu geben, was das Eventmanagement auf Stettenfels nicht im Angebot hätte. Alljährlich richtet man im Burggraben Festspiele aus, wo die über 400 Tribünenbesucher mit eingängigen Theaterstücken unterhalten werden. Köche aus der Region laden zum Schlosslunch ein, und wer der üblichen Familien- und Firmenfeiern überdrüssig ist, findet im Veranstaltungskalender der Burg – mitunter gewöhnungsbedürftige – Optionen. Musical- und Gruseldinner beziehen das vergnügungswillige Publikum mit ein. Adventsmärkte, Konzerte, Casinoabende, Hochzeitsmessen, Whiskyseminare – der Programmreichtum dürfte inzwischen nicht einmal die duldsam gewordenen Schlossgeister aufschrecken. Wem das alles zu viel ist, der kümmert sich nicht darum, nimmt im weitläufigen Biergarten Platz und lässt den Blick in die Weite schweifen, über Weinstöcke und Christbaumschonungen hinweg.

IN ZUM TEIL NACH FRÜHEREN BESITZERN BENANNTEN TAGUNGSRÄUMEN ENTWICKELN UNTERNEHMEN NEUE IDEEN. UND HEIRATEN KANN MAN HIER AUCH.

WEINSTUBE SONNE /// HEILBRONNER STRASSE 5 ///
74348 LAUFFEN AM NECKAR /// 0 71 33 / 90 07 40 ///
WWW.SONNE-IN-LAUFFEN.DE ///

Zur Lebensart im Heilbronner Umland gehört es, seine bei der fleißigen Arbeit verbrauchten Kräfte auf Stadtfesten und in gediegenen Wirtschäftle wiederzubeleben. Wo immer ein solches kulinarisches Kleinod steht, das sich am besten auf eine bewährte Tradition beruft, darf man gewiss sein, dass es am Besuch der Viertelesschlotzer nicht mangeln wird. Die Lauffener Weinstube Sonne ist ein Musterbeispiel für solche kulturellen Errungenschaften.

EINMAL IN LEMBERGER GESCHMORTE KALBSBÄCKLE, BITTE!

Mit ihrer Sichtfachwerkfassade schmiegt sich die Weinstube in einen Lauffener Stadtteil, der erst nachträglich, nach dem Bau der alten Neckarbrücke, besiedelt wurde. 1677 wurde das Haus auf dem Gewölbekeller eines Vorgängerbaus errichtet. Einkerbungen deuten darauf hin, dass dabei Floßholz aus dem Schwarzwald zum Einsatz kam. Viele Jahre war es im Besitz der Bäckerfamilie Moser. 1861, als das Gasthaus Sonne auf der anderen Seite Lauffens schloss, siedelte der Name in die Heilbronner Straße über. Dörflich geht es hier im »Städtle« bis heute zu. An Sommerabenden tauscht man vor der Haustür das Neueste vom Neuen aus oder gibt dem Auspuff seines Motorrads den letzten Schliff. Wer, schräg gegenüber vom Weinstubenaufgang, einen Platz auf der markisenüberspannten Sonnenterrasse findet, fühlt sich spätestens nach der Vorspeise – wie wär' es mit einer Pfifferlingsrahmsuppe? – eingebunden ins Lauffener Feierabendleben. Die Speisekarte zeigt sich in Maßen ambitioniert, ohne die Bodenständigkeit aufzugeben – wie es sich für eine solide Weinstube eben gehört. Immerhin, die Kombination von Vanilleeis und steirischem Kürbiskernöl klingt apart, und was eine »Semmerrolle« (vom Weiderind) ist, habe ich erst dank der freundlichen Auskunft der »Sonne«-Bedienung gelernt. Es lohnt sich, das Rezept nachzukochen.

Tipp: Lauffen? Dann eine Flasche aus der **POETENSERIE:** den Schwarzriesling »Friedrich Hölderlin«, Spätlese, 13,4 Prozent.

> **»SELIGES LAND! KEIN HÜGEL IN DIR WÄCHST OHNE DEN WEINSTOCK, / NIEDER INS SCHWELLENDE GRAS REGNET IM HERBSTE DAS OBST.« (AUS HÖLDERLINS *Der Wanderer*)**

2004 wurde das Fachwerkhaus von der Weingärtnergenossenschaft Lauffen am Neckar übernommen und mustergültig saniert. Hinter den grünen Fensterläden sitzt man saugemütlich, und an gängigen und seltenen Tropfen der Lauffener Weingärtner fehlt es nicht – darunter auch eine hauseigene Rot- und Weißweincuvée. Müsste man am nächsten Tag nicht wieder zum Schaffen, würde man sofort hocken bleiben!

Lange Zeit fehlte es in Lauffen an Engagement und Feingefühl, »seinen« Friedrich Hölderlin angemessen zu ehren und sich nicht ausschließlich um Frühkartoffeln und Schwarzriesling zu kümmern. Bereits nach dem Ersten Weltkrieg gab es Anlass zur Empörung, als niemand Weinhändler Dochtermann daran hinderte, das dreistöckige, im 17. Jahrhundert erbaute Amtshaus des Nonnenklosters, das lange als Hölderlins Geburtshaus galt, abzureißen. Heute hat sich das Bild geändert: Das Hölderlin-Zimmer im Museum auf dem Klosterhofareal wurde 2008 komplett umgestaltet und versteht sich als didaktisch durchdachter, interaktiver Hölderlin-»Erkundungsplatz«.

DICHTER IM KREISVERKEHR

Am 20. März 1770 wurde Friedrich Hölderlin in Lauffen geboren. Im Juli 1772 starb sein Vater »durch einen ihn betroffenen Steck- und Schlagfluss«; seine Mutter Johanna Christiana, dadurch mit 24 Jahren zur Witwe geworden, verehelichte sich neu und zog 1774 mit der Familie nach Nürtingen. Die Hölderlins zählten in Lauffen zu den angesehensten Familien und verfügten über ein beträchtliches Vermögen. Ein »armer Poet« sollte Friedrich nie werden. 1970 fand man heraus, dass die Familie seit 1743 ein zweites Anwesen in Lauffen besaß, eine Art Ausweichquartier, wenn das Amtshaus anderweitig genutzt wurde. Diese »2stöckige Behausung« diente der Familie als eigentlicher Wohnsitz und widersetzte sich allen Abrissgelüsten. Es steht wie einst in der Nordheimer Straße 5 und gibt die Hoffnung, dass das Geburtshaus des Dichters doch nicht für immer und ewig verlorengegangen ist.

Die Lauffener Hölderlin-Gedenkstätten sind wenige Schritte voneinander entfernt. Unübersehbar ist das von Peter Lenk geschaffene, 2003 enthüllte Kunstwerk *Hölderlin im Kreisverkehr*, das, basierend auf einem geschwungen »H«, Stationen aus dem Dichterleben zeigt. Im Garten des Klosterhofs schließlich befindet sich seit 1873 ein weniger filigranes Denkmal. Dessen Steintafel zitiert – natürlich – Verse aus Hölderlins *Der Wanderer*, die alle Lauffener liebend gern auf ihre Stadt beziehen: siehe Seite 159. Zu konkret sollte man Hölderlins komplexe Lyrik freilich nicht nehmen. Einen geografisch exakt zu fassenden Raum will sie nicht beschwören; eine ideale, utopisch zu verstehende Heimat ist ihr Fixpunkt.

ÜBER 12000 LITER WEIN LAGERTEN – WIE EINE 1774 NOTWENDIG GEWORDENE ERFASSUNG DES BESITZES ERGAB – IM HAUSE HÖLDERLIN.

JUGENDHAUS MICHAELSBERG /// MICHAELSBERG 1 /// 74389 CLEEBRONN ///
0 71 35 / 9 80 70 /// WWW.MICHAELSBERG-CLEEBRONN.DE ///

Da gerät man leicht in Verzückung – wie Otto Linck zum Beispiel, der in seinem feinen, zuerst 1949 erschienenen Büchlein *Das Zabergäu* den Mich(a)elsberg über den grünen Klee lobt: »Er bestimmt das Gesicht dieser Landschaft, dass es einmalig und unvergesslich in der Erinnerung haftet.« Von allen Seiten zeigt der 394 Meter hohe »Wächter des Zabergäus« ein markantes Profil. Oben steht ein im 18. Jahrhundert erbautes Hospiz, das seit 1959 dem Bund der Deutschen Katholischen Jugend der Diözese Rottenburg-Stuttgart als Jugendbildungsstätte dient.

ALS ERZENGEL MICHAEL EINE FEDER VERLOR

Prunkstück des ringsum rebenbestandenen Kegelbergs ist die Michaelskirche, die rund 100 Gläubigen Platz bietet. Von besonderem Interesse sind die beiden Kapitelle rechts und links vom Altar. Die Nord- und Südsäulen der Reliefs, die der Theologe Traugott Jäger in einem Aufsatz gedeutet hat, zeigen Finsternis und Licht im Widerstreit: zwei Untiere mit ineinander gewundenen Hälsen hier, acht aufrecht positionierte Adler dort.

Tipp

Unterhalb des Bergs liegt der Gutshof »Katharinenplaisir«. 1809 versuchte die **BARONIN KRÜDENER** dort eine christliche Kolonie zu begründen, vergeblich.

Tritt man – nach dem Studium der vielen sehenswerten Details, die die Kirche bietet – ins Freie, überwältigt eine Fernsicht, wie sie in der Gegend kein zweites Mal zu finden ist. Ortsunkundige wundern sich womöglich darüber, was sich im Süden für ein hölzernes Ungetüm auftut, im Cleebronner Ortsteil Treffentrill. Einheimische indes wissen seit Kindesbeinen, was es damit auf sich hat: Als von Freizeitparks, die aus kinderreichen Eltern arme Leute machen, in Deutschland noch keiner sprach, eröffnete der Gastwirt Eugen Fischer 1929 die Altweibermühle, bis heute Keimzelle des Erlebnisparks Tripsdrill. Seit 2008 verfügt dieser über die 860 Meter hohe Holzachterbahn Mammut. Schöner wird der Blick herunter vom Michaelsberg dadurch nicht, aber auf das jährlich von 600.000 Vergnügungswilligen besuchte Tripsdrill wollen wir nichts kommen lassen.

LESEN SIE DIE LEGENDE DES MICHAELSBERGS IN JUSTINUS KERNERS *Bilderbuch aus meiner Knabenzeit* UND MÖRIKES GEDICHT *Erzengel Michaels Feder* NACH.

Viel weniger Beachtung findet der enge Friedhof vor der Michaelskirche. Verwitterte Grabsteine rufen längst Vergessene in Erinnerung. Der Wasseralfinger Priester und Künstler Sieger Köder hat inmitten des Friedhofs eine ungewöhnliche Skulptur aufgestellt: Sie zeigt ein Paar, das um sein totes Kind trauert, und bildet den Mittelpunkt der 2007 eingeweihten »Gedenkstätte für nichtbestattetes menschliches Leben«.

Kein Bundespräsident erreichte eine solche Popularität. Wo immer Theodor Heuss auftrat und seinen Landsleuten in unverkennbar schwäbischem Tonfall ins Gewissen redete, erntete er Zuspruch – und den liebevollen Beinamen »Papa Heuss«. 1949 hatte man den studierten Nationalökonomen zum ersten Bundespräsidenten der jungen Bundesrepublik Deutschland gewählt. Von den Nationalsozialisten zeitweise mit Publikationsverbot bedacht, strahlte der Durchunddurchliberale Heuss Glaubwürdigkeit aus, wenn es darum ging, aus den Untaten des Hitler-Regimes Lehren zu ziehen.

EIN IDEALER BUNDESPRÄSIDENT

Wo immer er neuen Nationalismus aufkommen sah – etwa nach dem deutschen Fußballtriumph in Bern 1954 –, rief er zur Mäßigung auf und baute Brücken zwischen Politik und Kultur. Geboren wurde er am 31. Januar 1884 in Brackenheim, wo man genau weiß, was man an seinem außergewöhnlichen Sohn hat. Sein Geburtshaus wich 1950 einem Kelterneubau – eine Entscheidung, die Heuss in typischer Art kommentierte: »Eine Anlage zur Pflege des guten Brackenheimer Weins erscheint mir sehr viel zweckmäßiger als romantischer Ruhm auf Vorrat.« Ganz in der Nähe, im Obertorhaus, wurde 2000 das neugestaltete Theodor-Heuss-Museum wiedereröffnet und erlaubt es, nicht nur Heuss' Werdegang, sondern auch die deutsche Geschichte im 20. Jahrhundert nachzuvollziehen. Seit 2009 hat Karl-Henning Seemanns (über)lebensgroße Heuss-Statue ihren Platz vor dem Museum gefunden.

Brackenheim und dem Zabergäu blieb Heuss verhaftet. Doch auch mit Heilbronn verbindet ihn viel. Als sein Vater Louis 1890 Leiter des Heilbronner Tiefbaumamts wurde, zog die Familie nach Heilbronn, wo Sohn Theodor am Karlsgymnasium, dem heutigen Theodor-Heuss-Gymnasium, 1902 das Abitur ablegte. Bereits drei Jahre später durfte er sich mit dem Doktortitel schmücken, erworben mit der gern zitierten Arbeit *Weinbau und Weingärtnerstand in Heilbronn a. N.* 1908 heiratete er in Straßburg Elly Knapp; die Trauung nahm Albert Schweitzer vor. Von 1912 bis 1918 war er Chefredakteur der in Heilbronn erscheinenden »Neckar-Zeitung«, ehe er mit seiner Frau und Sohn Ernst Ludwig nach Berlin zog. Nach Ablauf seiner zweiten Amtszeit als Bundespräsident schrieb er in seinem Haus in Stuttgart-Degerloch an seinen Memoiren. Am 12. Dezember 1963 verstarb er dort. Beigesetzt wurde er, an der Seite seiner Frau, auf dem Stuttgarter Waldfriedhof.

»DIE HAUPTFUNKTION EINES WEINBERGS IST, DAS RELATIV STIMMUNGSVOLLE MILIEU FÜR ANGENEHME HERBSTFESTE ZU BILDEN; DENN SOLCHERLEI TOLLTRUNKENE FRÖHLICHKEIT IST EIN STÜCK ALTER KULTUR UND AUF JEDEN FALL DER HÖHEPUNKT IM GESELLSCHAFTLICHEN LEBEN HEILBRONNS.« (THEODOR HEUSS, 1905)

SCHLOSS STOCKSBERG /// 74336 BRACKENHEIM ///
TOURIST-INFO: 0 71 35 / 93 35 25 ///
WWW.BRACKENHEIM.DE/2243_DEU_WWW.PHP ///

Seit über tausend Jahren baut man im Zabergäu Wein an. Und weil die großen Bundesstraßen einen Bogen um Stockheim, Hausen, Dürrenzimmern oder Neipperg machen, scheinen die Uhren dort langsamer zu gehen. Auch in Stockheim, einem Brackenheimer Ortsteil, waltet diese Ruhe – kein Wunder, dass sich Fotografen gern in die Stockheimer Weinberge begeben, um Sportwagen zwischen Reben zu platzieren. Über allem freilich thront das imposante Schloss Stocksberg, das sich heute in Privatbesitz befindet.

AUFSTÄNDISCHE BAUERN UND UNGLÜCKLICHE DRUCKER

Es geht zurück auf eine staufische Burg der Herren von Stocksberg. Fünf Jahrhunderte lang gehörte es dem Deutschen Orden. Ereignisse an Ostern 1525 ließen Stockheim in die Geschichte des Bauernkriegs eingehen. Fast alle Einwohner schlossen sich den Aufständischen an – der Haufen von Stocksberg hießen sie später – und steckten das Schloss in Brand. Einen guten Monat später kehrten die Aufrührer zu Frau und Kindern zurück, wo sie sich kurz darauf einem Strafgericht zu stellen hatten. Der Wiederaufbau zögerte sich ein halbes Jahrhundert hinaus; seine heutige zweiflüglige Anlage mit dem 30 Meter hohen Turm stammt im Wesentlichen aus dieser Zeit.

> **Tipp** Eine Wanderung durch die Stockheimer **WEINBERGE** – und danach einen Altenberg-Trollinger. Oder zwei.

Auch in späteren Epochen machten das Schloss und seine Besitzer von sich reden. 1890 zum Beispiel verkaufte die Gemeinde ihr Wahrzeichen an einen Sektfabrikanten, der sich der Inneneinrichtung des Hauptflügels annahm. 1963 schließlich schien es, als würde sich Schloss Stocksberg zu einem Zentrum des Kunstdrucks entwickeln. Der Lüneberger Drucker Günter Dietz hatte in den Fünfzigerjahren ein Schablonendruckverfahren entwickelt, das es erlaubte, Werke der Kunstgeschichte in einer bis dato unbekannten Qualität zu reproduzieren. Dietz-Produkte erreichten eine solche Perfektion, dass Sammler sich schwertaten, Original und Nachdruck voneinander zu unterscheiden. Dietz richtete eine kostspielige Druckerei auf dem Schloss ein, doch die Kooperation mit dem Cotta-Verlag verlief derart unerfreulich, dass Dietz das Weite suchte und sich im Bayerischen niederließ. Schade eigentlich, denn eine Ausstellung meisterhaft reproduzierter Vermeers, Sisleys oder Monets wäre sicher eine Stockheimer Attraktion geworden. Stattdessen befindet sich Dietz' Imaginäres Museum heute in Wasserburg am Inn.

> **COLIN WILKIE? EIN ENGLISCHER LIEDERMACHER AUS DER ZEIT DER WADERS UND DEGENHARDTS, EIN LANGJÄHRIGER STOCKHEIMER …**

BURG NEIPPERG /// NEIPPERG /// 74336 BRACKENHEIM ///
TOURIST-INFO: 0 71 35 / 93 35 25 /// WWW.NECKAR-ZABER-TOURISMUS.DE ///

Als ich nach vielen Jahren wieder nach Neipperg komme, sind die Einheimischen gerade dabei, die letzten Vorbereitungen für den Abschlusstag ihres traditionsreichen Kelterfestes zu treffen. Ende August findet es statt, und die meisten der rund 600 Einwohner haben, so scheint es, diesen Termin in ihren Kalendern so fest wie Weihnachten und Ostern vermerkt. Weinbau und Landwirtschaft prägen den Ort seit jeher – und seine Burg, die den südlichen Heuchelberg dominiert.

ZWEI TÜRME, DIE DIE FANTASIE ANREGEN

Weithin sichtbar sind die beiden massiven Bergfriede, die, wie man seit jeher mutmaßt, auf zwei voneinander getrennte Anlagen, die Untere und die Obere Burg, verweisen. In welchem Zusammenhang die aus dem frühen 13. Jahrhundert stammenden Anlagen standen, lässt sich historisch nicht mit Sicherheit bestimmen. Wer zu Fuß der Burghügel hinaufsteigt, darf seiner Fantasie Flügel wachsen lassen und, wie oft geschehen, über zwei feindliche Brüder aus dem Geschlecht der Grafen von Neipperg spekulieren, die in Streit gerieten und sich deshalb ihre eigenen Türme bauten.

Tipp: Eine Wanderung durchs **ZABERGÄU**, eine Einkehr im beschaulichen Neipperg – der Sonntag ist gerettet.

Nach und nach ging es immer höher hinauf, nicht zuletzt, um den Angriffen neu entwickelter Schleuderwaffen besser Paroli bieten zu können. Bäume breiten sich inzwischen auf der Unteren Burg aus; deren Turm ist 20 Meter hoch und hat Mauern von zweieinhalb Metern Dicke. Noch ein gutes Stück höher, 26 Meter nämlich, ist der Bergfried der Oberen Burg; zum Burggelände zählt ein mehrflügeliger Palas aus dem 16. Jahrhundert.

1985 beging man die 700-Jahr-Feier des Ortes und stärkte das ohnehin ausgeprägte Selbstbewusstsein der Neipperger. Eine Urkunde aus dem Jahr 1285 erwähnt einen Weinberg auf der Markung Nitperg, wenngleich unstrittig ist, dass die Geschichte von Dorf und Burg viel weiter zurückreicht. Der Ortsname selbst geht etymologisch, so Joseph Hubertus Graf von Neipperg, auf ›Neid‹ bzw. ›Streit‹ zurück, was den ›Neidberg‹ zu einem Platz mache, »an dem Auseinandersetzungen« stattfanden. Auch das mag unterschwellig das Zusammengehörigkeitsgefühl der Neipperger gestärkt haben. Worauf sie sich auf jeden Fall etwas einbilden können, ist ihr Rotwein. Auch hierzu hält die Geschichte Legenden bereit, denenzufolge der Lemberger von den Grafen von Neipperg in Württemberg eingeführt worden sei. Ob 's stimmt, wissen allenfalls die Weingeister.

NEIPPERGER WEIN AUS FRANKREICH? DIE SELECTION NEIPPERG, ST. EMILION, DER COMTES DE NEIPPERG MACHT'S MÖGLICH.

HEUCHELBERGER WARTE /// AUF DEM HEUCHELBERG 1 /// 74211 LEINGARTEN ///
0 71 31 / 40 18 49 /// WWW.HEUCHELBERG.COM ///

Viel haben die Württemberger ihrem Herzog Eberhard im Bart (1445–1496) zu verdanken, die Gründung der Universität Tübingen zum Beispiel. Als »Leitfigur des Geschichts- und Selbstverständnisses des Landes« (Dieter Mertens) fehlte es dem Herrscher post mortem nicht an Lobrednern, darunter Justinus Kerner, der in seiner Ballade *Der reichste Fürst* die Liebe der Untertanen zu Eberhard beschwor und damit eine heimliche Nationalhymne verfasste. Ausflugsfreudige sind Eberhard vor allem dankbar dafür, dass in seine Regentschaft der Bau der Heuchelberger Warte fiel.

MIT DEM HEUCHELBERG-HUPFER ZU KAFFEE UND KUCHEN

Der über 20 Meter hohe Turm markierte damals den westlichen Eckpunkt eines Walls an der Nordgrenze Württembergs und diente der Feindbeobachtung. Zu erheblichen kriegerischen Auseinandersetzungen kam es indessen nicht, und Ende des 19. Jahrhunderts funktionierte man die zusehends vom Verfalle bedrohte Warte um: zu einem Aussichtsturm, von dem sich bei günstigem Wetter ein Panorama bis in den Odenwald und zum Stuttgarter Fernsehturm auftut.

> **Tipp:** Der beliebteste **BIERGARTEN** der Region – so zumindest entschieden 2011 die Leserinnen und Leser der »Heilbronner Stimme«.

Längst hat sich die Heuchelberger Warte nicht nur am Wochenende zu einem beliebten Ziel für Wanderer und Kaffeetrinker, die Erdbeerkuchen am liebsten mit Fernblick zu sich nehmen, entwickelt. Die von Familie Wieland betriebene Gastronomie bietet mehr als Wurstsalat und Rostbraten. »Events« unterschiedlichster Natur – vom Räuberfest bis zur Turm-Fiesta – werden in reichlich dekoriertem Ambiente angeboten, und auch für die lieben Kleinen fehlt es nicht an Attraktionen, sodass deren Eltern sorglos ein zweites Bier bestellen können. Auch wenn manchem das ein wenig viel an Heuchelberg-Rambazamba sein mag, ist die Popularität der Warte ungebrochen. Ob für geübte Wanderer oder für Fußfaule – von mehreren Seiten aus kann man sich der Anhöhe nähern, und wer sich partout nicht in der Lage sieht, mehr als die allernötigsten Schritte zu tun, ordert den Shuttlebus des Heuchelberg-Hupfers, der bequem bis vor die Eingangstür der Waldwirtschaft führt. Wie viele Sonntagmorgen habe ich auf der Heuchelberger Warte verbracht? Sofern sich meine Eltern nicht entschlossen, zur Konkurrenz zu gehen, aufs Hörnle, der Dürrenzimmerner Waldschenke, wo – mein Vater beschwört es – der Ausblick auch kein schlechter sei und das Schnitzel vielleicht sogar besser schmecke.

> **VON LEINGARTEN, VOM PARKPLATZ »ALTE BURG« ODER VOM SCHWAIGERNER WANDERPARKPLATZ AUS KANN MAN SICH DER WARTE NÄHERN.**

LEINTALZOO SCHWAIGERN /// FREUDENMÜHLE 1 /// 74193 SCHWAIGERN ///
0 71 38 / 52 25 /// WWW.TIERPARK-SCHWAIGERN.DE ///

Wilhelma, Hellabrunn, Hagenbeck – wer es gewohnt ist, die großen Zoos Deutschlands zu besuchen, und die Erwartung hegt, von einer Attraktion zur anderen geleitet zu werden, mag sich anfangs ein wenig über das nicht auf Perfektion getrimmte Areal des Schwaigerner Tierparks wundern. Doch je länger man verweilt, desto sympathischer wirkt, was da so auf dem Gelände einer ehemaligen Wassermühle kreucht und fleucht.

WENN DIE SCHIMPANSEN BÄRENHUNGER HABEN

»Affenzoo« – mit diesem Kürzel hat man den Tierpark früh bedacht. Seine Geschichte reicht bis in die 1960er-Jahre zurück, als Peter Geßmann, der den Zoo bis heute mit seiner Familie betreibt, Menschenaffenwaisen aus Kamerun vor dem sicheren Tod rettete, sie nach Deutschland brachte und zuerst bei sich zu Hause pflegte. 1976 wurde mit dem Bau der Zooanlage begonnen; vier Jahre später freute man sich über deren Eröffnung. Von Beginn legte man Wert darauf, einen naturbelassenen Tierpark zu präsentieren, der nicht danach strebt, möglichst viele Arten zu halten. Stattdessen stehen die Affen bis heute im Mittelpunkt. Mit über 30 Tieren verfügen die Geßmanns über die größte Schimpansengruppe Deutschland, darunter auch die von ihren Müttern nicht angenommenen Babys Panya und Malia, die langsam an die ihre Gefährten herangeführt wurden. Viermal am Tag herrscht Hochbetrieb – immer wenn es darum geht, den immensen Hunger der Schimpansen zu stillen. Schülergruppen stehen um 15 Uhr in respektvollem Abstand vor den Affenhäusern, wenn eimerweise Obst und Gemüse angeschleppt werden und sich kreischende Schimpansen an Melonen und Bananen gütlich tun.

Tipp

Grillecke, Spielplatz, Cafeteria – im ganzjährig geöffneten Tierpark ist für Abwechslung gesorgt. Rund **50.000 BESUCHER** im Jahr schätzen das.

GARIBALT, LUTZ, POP, WAZI? DIESE NAMEN SAGEN IHNEN NICHTS? ZEIT, SICH IN DEN AFFENZOO AUFZUMACHEN.

Auch andere Affenarten – Gibbons oder Kapuzineraffen – haben ihr Zuhause in Schwaigern gefunden, und wer vom durchdringenden Schimpansengeruch einmal die Nase voll hat, macht sich auf, die tümpelreichen Biotope zu erkunden, durch die ein 2009 geschaffener Naturlehrpfad führt. In den zum Teil begehbaren Volieren lässt sich die Bekanntschaft mit Mohrenkopfsittichen, Nacktaugenkakadus und Ibissen machen; im Haustierbereich fühlen sich Schweine, Ziegen und Mulis wohl und dürfen mit dem hauseigenen Futter – 1 Euro die Portion – verwöhnt werden. Und nicht zuletzt versucht man so wenig wie möglich zu regulieren und der Natur ihren freien Lauf zu lassen – Kraniche, Prachtlibellen, Schwalbenschwänze und Frösche danken es.

BLAUER TURM /// UNTERE TURMGASSE /// 74206 BAD WIMPFEN ///
TOURIST-INFORMATION: 0 70 63 / 9 72 00 /// WWW.BADWIMPFEN.DE ///

Wer hat als Kind nicht davon geträumt, sich von den Eltern, die einen nicht verstehen, und von den Lehrern, die Unmögliches von einem verlangen, abzusondern? Ganz weit weg oder ganz hoch einen Turm hinauf, von dem aus man Eltern und Lehrern eine Nase drehen kann … Manche träumen diesen Traum bis ins Erwachsenenalter, die Türmer von Bad Wimpfen zum Beispiel, die eine bis ins frühe 16. Jahrhundert reichende Tradition pflegen und vom 58 Meter hohen Blauen Turm auf Bad Wimpfen hinabschauen.

WENN BLITZ UND DONNER GROLLEN

»Blau« heißt Wimpfens westlicher, von Weitem gut zu sehender Bergfried wohl aufgrund seines vormaligen graublauen Schieferdachs – und in Abgrenzung zu seinem kleinen Bruder, dem Roten Turm. Immer wieder veränderte sich durch Krieg und Brandschatzen das Gesicht des Turms; seinen heutigen neugotischen Aufbau erhielt er 1851, als auch ein Eingang im Erdgeschoss durchgebrochen wurde. Wer das Türmeramt ausübte, hatte früher viel zu tun: die Stunden zu schlagen, vor anrückenden Feinden zu warnen und im Fall der Fälle die Löschmannschaften zu alarmieren. Immer wieder wurden die Wimpfener Altstadt und der Blaue Turm von Bränden heimgesucht, zuletzt im Mai 1984, als Blitzeinschläge eine derart große Hitze entfachten, dass die Glocke schmolz und auf den Treppenabsatz der Türmerwohnung stürzte. Ein Übergreifen der Flammen auf die Fachwerkhäuser konnte in letzter Minute vereitelt werden.

Tipp

1,50 Euro gilt es am Fenster der Türmerwohnung zu entrichten, ehe man von der 34 Stufen höher gelegenen **AUSSICHTSPLATTFORM** auf die Neckarschleifen blickt.

Danach sorgte man für modernen Blitzschutz und sicherte die Türmerwohnung zusätzlich ab. Blanca Knodel, die seit 1996 als erste Frau das Türmeramt innehat, darf sich folglich um einiges sicherer als ihre Vorgänger fühlen.

Ein beschwerlicher Weg über 134 Stufen führt hinauf in die hufeisenförmig angelegte, rund 50 m² große Wohnung, wo die aus alter Wimpfener Familie stammende Blanca Knodel anfänglich sogar mit Mann und Kindern lebte. Im Lauf der Jahre ist die Türmerin selbst zu einer Attraktion geworden. Vor unliebsamen Besuchern, selbst wenn diese sich aus Neckarsulm oder Bad Friedrichshall nähern, muss sie niemanden mehr warnen. Und wenn sich ein Gewitter über Wimpfen zusammenbraut, macht sie es sich auf ihrem Sofa bequem und genießt bei einem Viertele das Spektakel von ihrer einmaligen Warte aus.

1487 ERHIELT WIMPFEN DAS RECHT, EINEN WEIHNACHTSMARKT ABZUHALTEN – BIS HEUTE ZIEHT DIESER TAUSENDE VON GLÜHWEINTRINKERN AN, DIE DURCH DIE IN LICHT GETAUCHTE ALTSTADT SCHLENDERN.

AUDI FORUM NECKARSULM /// NSU-STRASSE 1 /// 74172 NECKARSULM ///
08 00 / 2 83 44 68 /// WWW.AUDI.DE ///

Vernünftige Menschen sind mit dem Fahrrad oder öffentlichen Verkehrsmitteln unterwegs und kaufen spritsparende Kleinwagen, doch weil der technische Fortschritt von großer Faszination ist, werden auch vernünftige Menschen mitunter schwach und begeistern sich für elegante Limousinen und PS-starke Sportwagen. Im 2005 eröffneten Audi Forum lässt sich das Lieblingsspielzeug der Deutschen, das Auto, in allen seinen Facetten bewundern.

DAS AUTO EIN BLOSSES FORTBEWEGUNGSMITTEL? ABER NEIN …

In Ingolstadt und Neckarsulm befinden sich die beiden deutschen Standorte der Audi AG, die 1969 nach einer Fusion der Audi Union GmbH und der NSU AG entstand und den Ruf der Autostadt Neckarsulm zementierte. Dass Autos durch einprägsame Werbeslogans (»Vorsprung durch Technik«) und Emotionalisierungen zu begehrten (Status-)Objekten werden, ist kein Geheimnis. Das architektonisch beeindruckende Audi Forum versteht sich als Kommunikationsplattform. Zum einen bietet es die Möglichkeit, seinen Neuwagen vor Ort selbst abzuholen; zum anderen bilanziert eine Markenausstellung, was die Audi-Produktpalette prägte und prägt. Shop, Espressobar, Restaurant, Tagungsräume – das Forum will, wie sein Name sagt, Forum mit unterschiedlichsten Funktionen sein. Rund 500 Veranstaltungen, darunter Konzerte und Lesungen, richtet man alljährlich aus.

Tipp: Wie Marken ihr Image ändern: Das Audi Forum symbolisiert, wie aus Autos für ältere **HUTTRÄGER** rasante Trendsetter wurden.

Und nicht zuletzt: Wer seine Kenntnisse nicht darin erschöpft sehen möchte, Gas- und Bremspedal voneinander zu unterscheiden, der darf in Neckarsulm hinter die Kulisse blicken. »Erlebnisführungen« geben einen Einblick in Fertigungsprozesse, lassen 800 Roboter aufmarschieren, zeigen, wie Scheiben vollautomatisch eingebaut werden, und lassen die Besucher davon träumen, wie es wäre, am Steuer der Luxuslimousine A8 zu sitzen. Zwei Stunden dauert eine Führung durch die Produktion; für Kinder gibt es ein eigens gestaltetes Programm, das aus Fremdwörtern wie Materiallogistik und Endmontage vertraute Vokabeln macht. Und Vater, der auch auf seine Kosten kommen will, begibt sich inzwischen ins »Individualstudio Audi exklusive«, wo er in Lack und Leder träumen und sich seine Spezialausstattung zusammenstellen darf. Wenn sein Bankkonto das hergibt.

EINE FRAGE FÜR Wer wird Millionär?: WISSEN SIE, WAS »AUDI« BEDEUTET? LATEINKENNTNISSE SIND BEI DER BEANTWORTUNG VON VORTEIL.

DEUTSCHES ZWEIRAD- UND NSU-MUSEUM /// URBANSTRASSE 11 ///
74172 NECKARSULM /// 0 71 32 / 3 52 71 /// WWW.ZWEIRAD-MUSEUM.DE ///

Manche Namen prägen sich für immer und ewig ein. Karl Freiherr von Drais ist ein solcher Name, der mir in der Grundschule begegnete und seitdem fest im Kopf verankert ist, wie Kolumbus, Amundsen oder Uwe Seeler. Der Karlsruher Forstmeister und Erfinder Drais setzte als Erster auf das Zweiradprinzip und entwickelte ein hölzernes Laufrad. 1817 unternahm er mit seiner Draisine die Jungfernfahrt. Ein Nachbau dieses Gefährts lässt sich in Neckarsulm bestaunen, im Zweirad-Museum.

DRAISINE, QUICKLY UND RO 80

Eröffnet wurde es 1956 im ehemaligen Deutschordensschloss und umfasste auf bescheidenen 600 Quadratmetern nicht mehr als 70 Exponate. Dreißig Jahre später, als das NSU-Museum hinzukam, erhielt es seinen heutigen Namen und erinnert damit an die große Fahrrad- und Motorradtradition der Stadt. 1989 bis 1991 baute man das Museum um und verband Band- und Amtshaus des Schlosses mit einem ästhetisch geglückten Stahlglastreppenhaus.

Tipp: Über 40 Maschinen nehmen eine **STEILWANDKURVE** – in der Rennsportabteilung des Museums.

NSU – dieser Name hat sich nicht nur in der Region einen mythischen Reiz behalten. 1886 wurden die ersten Fahrräder in Neckarsulm produziert; 1901 stieg man ins Motorradgeschäft ein. Ein halbes Jahrhundert später zählte die Firma zu den größten Zweiradherstellern der Welt. Auf mehreren Geschossen zeigt das Museum, welche radikalen Veränderungen der Fortbewegungsdrang des Menschen in den letzten zweihundert Jahren hervorgebracht hat. Was mit der Draisine begann, setzte sich in immer rascheren Zyklen fort, und die Neckarsulmer Ausstellung lässt das Herz jedes Motorradliebhabers höher schlagen. Weit verbreitete Exemplare aus den Häusern Zündapp, Puch, Adler oder Harley Davidson gibt es zu sehen, aber auch eine englische Brough Superior oder ein Windhoff-Motorrad aus dem Jahr 1928. Eine Milchbar im zweiten Obergeschoss lässt mit Elvis Presley und Marilyn Monroe die Wirtschaftswunderzeit aufleuchten, als die Erfolgsgeschichte der NSU-Quickly ihren Lauf nahm. Das lindgrüne Moped schenkte den Wiederaufbaudeutschen strampelfreie Beweglichkeit. Seine ganze Schönheit ist im Kellergeschoss, im NSU-Museum, zu bewundern, wo auch an der Automobilproduktion der Firma gedacht wird. Die Modelle des NSU Prinz gehören in jede Kleinwagenahnengalerie, und der 1967 am Autohorizont auftauchende Ro 80 (mit Wankelmotor!) ist als Limousine in Erinnerung geblieben, die ihrer Zeit weit voraus war.

»NICHT MEHR LAUFEN, QUICKLY KAUFEN!« – DIESER WERBESLOGAN ÜBERZEUGTE DEN LETZTEN MOPEDMUFFEL DER ADENAUER-ZEIT.

DIE GÖTZENBURG /// SCHLOSSSTRASSE 20 /// 74249 JAGSTHAUSEN ///
0 79 43 / 9 43 60 /// WWW.GOETZENBURG.DE ///

Am nordöstlichen Zipfel des Heilbronner Landes liegt Jagsthausen, abseits der Autobahn. Wer von Norden kommend die Ausfahrt Osterburken nimmt, gelangt alsbald ins sattgrüne Tal der Jagst, die sich schwimmend oder mit dem Kanu erkunden lässt. Kein Weg führt hier vorbei, wo die Burg die Erinnerung an den berühmtesten Bewohner, Gottfried, genannt Götz, von Berlichingen (1480–1562) wachhält und deshalb allenthalben »Götzenburg« genannt wird. Unübersehbar beherrscht diese eine großzügige Parkanlage und ist von einem wildüberwucherten Graben umgeben.

SCHWÄBISCH GRÜSST DIE EISERNE HAND

Mit dem Weißen und dem Roten Schloss bildete die – auch Altes Schloss genannte – Burg eine Einheit, die erst durch die L 1025 auseinandergerissen wurde. Dass Reichsritter Götz von Berlichingen nie in Vergessenheit geriet, hat zwei Gründe. 1504 wurde er bei einem Erkundungsritt in der Nähe von Landshut von einer Kugel getroffen, die seine rechte Hand abtrennte. Nach achtmonatigem Krankenlager kehrte er nach Jagsthausen zurück, wo der Dorfschmied eine Krallenhand anfertigte. Höchsten Ansprüchen genügte diese allerdings nicht, sodass ein Büchsenmachermeister den Auftrag erhielt, eine komplexere mechanische Hand mit beweglichen Fingergliedern zu liefern. Das rund 1.000 Gramm schwere Objekt wurde mit Lederbändern am Armstumpf befestigt und verlieh dem streitbaren Ritter ein martialisches Erkennungszeichen. Beide eisernen Hände sind im sympathisch undidaktisch aufbereiteten Familienmuseum zu besichtigen.

> **Tipp**
> 1519 verbrachte Götz eine Nacht im Heilbronner Bollwerksturm – und danach über drei Jahre **HAFT** in einem Wirtshaus.

Nicht minder großen Anteil an Götzens Popularität hat Johann Wolfgang Goethe, der nach der Lektüre von Götz' Erinnerungen zu seinem Theaterstück *Götz von Berlichingen* (1773) inspiriert wurde. Das historisch frei agierende Drama legte dem Ritter den schwäbischen Gruß, das Götz-Zitat, in den Mund: »Er aber, sag's ihm, er kann mich im Arsche lecken«. (Nach-)Ruhm muss gepflegt werden, und so finden seit 1950 im Innenhof jeden Sommer die Burgfestspiele statt, zu deren Programm das Goethe-Stück unabdingbar gehört. Die Götzenburg, die über ein Hotel und ein Restaurant verfügt, ist weiterhin im Besitz derer von Berlichingen. Ab und an haben Besucher das Glück, Alexandra Freifrau von Berlichingen zu sehen mit ihrem Mann, dem ehemaligen Bundespräsidenten Roman Herzog.

> **»GOETHE HÖRT DAS GROSSE WORT, / GIBT IHM EINEN DICHTERHORT« – SO STAND ES BIS ZUR BOMBENNACHT IM DEZEMBER 1944 AN EINEM BÜRGERHAUS IN HEILBRONN, DAS AN GÖTZ' HAFTZEIT ERINNERTE.**

Ein Buch wie dieses bezieht sich in vielem auf das, was Historiker, Journalisten und Heimatforscher im Lauf der Jahre zusammengetragen und in Büchern oder im Internet (etwa auf der informativen Homepage des Heilbronner Stadtarchivs, www.stadtarchiv-heilbronn.de) veröffentlicht haben. Diesen Arbeiten verdanke ich viel. Auf folgende Werke möchte ich eigens hinweisen:

Julius Fekete: Kunst- und Kulturdenkmäler in Stadt- und Landkreis Heilbronn. Stuttgart: Theiss, 1991

Ilse Fischer: Stätten der Geselligkeit in und um Heilbronn. In: Historischer Verein Heilbronn 20 (1951), S. 38–50

Hans Franke: Geschichte und Schicksal der Juden in Heilbronn. Heilbronn: Stadtarchiv Heilbronn, 1963

Ulrich Häcker/Jost Kubin: Wir wohnen in Heilbronn. Kinder lernen ihre Stadt kennen. Heilbronn: Stadtarchiv Heilbronn, [3]2011

Heilbronn. Sie machten Geschichte. Zwölf Porträts aus dem Leben und Wirken berühmter Heilbronner. Heilbronn: Druck- und Verlagsanstalt Heilbronn, 1977

Uwe Jacobi: Heilbronn – so wie es war. Düsseldorf: Droste, 1987

Uwe Jacobi: Heilbronn – Tage, die die Stadt bewegten. Gudenberg-Gleichen: Wartberg, 1997

Uwe Jacobi/Roland Schweizer: Heilbronn. Stadt am Neckar. Hamburg: Schubert, 1998

Uwe Jacobi: Heilbronn. Unterfischach: Koval, 1999

Bernhard Lattner/Joachim J. Hennze: Stille Zeitzeugen. 500 Jahre Heilbronner Architektur. Heilbronn: Lattner, 2005

Otto Linck: Das Zabergäu mit Stromberg und Heuchelberg. Öhringen: Hohenlohesche Buchhandlung, 1949

Merian 5 (1952). H.3: Heilbronn am Neckar

Rainer Moritz: Der ganze Zauber dieser Gegend. Eine schwäbische Dichterreise mit Goethe, Heuss, Hölderlin, Kerner, Kleist, Mörike, Rombach, Schiller, Schubart, Uhland u.a. Heilbronn: Salzer, 1989

Rainer Moritz: Großzügige Toiletten, in: Jürgen Roth/Rayk Wieland (Hrsg.): Öde Orte. Ausgesuchte Stadtkritiken: von Aachen bis Zwickau. Leipzig 1998, S. 115–119

Rainer Moritz: Ich Wirtschaftswunderkind. Mein famoses Leben mit Peggy March, Petar Radenkovic und Schmelzkäseecken. München/Wien: Piper, 2008

Rolf Rau: Der Heilbronner Stadtwald und sein Lehrpfad. Heilbronn: Stadtarchiv Heilbronn, 1970

Else Schäfer: Die Gräber der Dichtermütter in Cleversulzbach. Marbach: Deutsche Schillergesellschaft, 1989

Helmut Schmolz (Hrsg.): Heilbronner Schauplätze. Menschliche Lebensräume in der alten Stadt. Weinsberg: Jahrbuch Verlag, 1991

Thomas Schnabel: Heilbronn: eine Stadt ohne Seele? In: Hans-Georg Wehling/Rosemarie Wehling (Hrsg.): Wegmarken südwestdeutscher Geschichte. Stuttgart: Kohlhammer, 2005, S. 179–189

Christhard Schrenk/Hubert Weckbach/Susanne Schlösser: Von Helibrunna nach Heilbronn. Eine Stadtgeschichte. Stuttgart: Theiss, 1998

Christhard Schrenk (Hrsg.): Heilbronner Köpfe [I] – V. Heilbronn: Stadtarchiv Heilbronn, 1998–2009

Christhard Schrenk: Das Käthchen von Heilbronn. Einige Überlegungen zu Kleists Ritterschauspiel [1994], Heilbronn: Kleist-Archiv Sembdner, 2005

Gerhard Schwinghammer/Reiner Makowski: Die Heilbronner Straßennamen. Tübingen: Silberburg, 2005

Matthias Treiber (Hrsg.): Die evangelischen Kirchen im Kirchenbezirk Heilbronn. Heilbronn: O.V., 2005

G[eorg] A[dam] Volz: Großer Führer durch Heilbronn und Umgebung mit Stadtplan. Heilbronn: Verkehrsverein, [4]1926

BILDVERZEICHNIS

Sofern hier nicht genannt, stammen alle Bilder von Roland Schweizer (Löwenstein).

S. 56, 98, 106, 116, 124, 158: Thomas Braun (Untergruppenbach); S. 20, 48: Fotosammlung Stadtarchiv Heilbronn; S. 34, 54, 112: dpa Picture-Alliance GmbH; S. 78: Renate Hoffmann, Burgdorf; S. 118: Heilbronner Stimme, Klaus Krüger; S. 136: zeno.org, Stich nach Anton Duttenhofer; S. 160: zeno.org, Pastell von Franz Karl Hiemer; Umschlagfoto vorn: Joachim Köhler (Neckarsulm)

Autor und Verlag haben alle Informationen mit größtmöglicher Sorgfalt geprüft. Gleichwohl sind Fehler nicht vollständig auszuschließen. Alle Angaben erfolgen ohne Gewähr. Bitte schreiben Sie uns! Über Ihre Rückmeldung zum Buch und über Verbesserungsvorschläge freuen sich Autor und Verlag: lieblingsplaetze@gmeiner-verlag.de

Lieblingsplätze entdecken

18 × 66 Orte, die einen Besuch wert sind

978-3-8392-1259-2

978-3-8392-1159-5

978-3-8392-1166-3

978-3-8392-1258-5

978-3-8392-1154-0

978-3-8392-1254-7

978-3-8392-1161-8

978-3-8392-1164-9

978-3-8392-1155-7